纯电动汽车故障诊断与排除 工单活页式

主　编	张　霞	陈晓鹏	潘　达
副主编	罗　继	张京京	陈享姿
	刘　岳	李智军	武海华
	杨承阁	李思思	彭　波
	陈　标		
参　编	谢文波	郑　波	何锦霞
	刘　阳		

北京理工大学出版社
BEIJING INSTITUTE OF TECHNOLOGY PRESS

内 容 提 要

本书是一本基于"岗课赛证"融通理念，按照任务化教学方法编写的涵盖当前纯电动汽车主要高压系统检测检验、故障诊断等内容的教学用书，具有较强的针对性和实用性。全书各部分以纯电动汽车典型故障案例进行讲解，其内容包括高压作业安全防护、高压系统认知、绝缘故障灯点亮故障诊断与排除、高压互锁故障诊断与排除、充电设备异常故障诊断与排除、充电信号异常故障诊断与排除、动力电池状态异常故障诊断与排除、动力电池异常断开故障诊断与排除、动力电池能量回收关闭指示灯点亮故障诊断与排除、驱动电机过热故障诊断与排除、驱动电机异响故障诊断与排除、驱动电机功率指示灯异常故障诊断与排除等内容。全书融合了职业技能等级证书、技能竞赛等内容，引入行业新技术、新规范。

本书可作为高等院校、高职院校新能源汽车专业和其他汽车类相近专业的教材，也可以作为纯电动汽车售后服务人员的培训及参考用书，还适用于纯电动汽车机电维修岗位从业者与初学者。

版权专有　侵权必究

图书在版编目（CIP）数据

纯电动汽车故障诊断与排除 / 张霞，陈晓鹏，潘达主编. -- 北京：北京理工大学出版社，2023.7
ISBN 978-7-5763-2591-1

Ⅰ.①纯… Ⅱ.①张… ②陈… ③潘… Ⅲ.①电动汽车—故障诊断 Ⅳ.①U469.72

中国国家版本馆CIP数据核字（2023）第131463号

责任编辑：王卓然		**文案编辑**：王卓然	
责任校对：周瑞红		**责任印制**：李志强	

出版发行 /	北京理工大学出版社有限责任公司
社　　址 /	北京市丰台区四合庄路 6 号
邮　　编 /	100070
电　　话 /	（010）68914026（教材售后服务热线）
	（010）68944437（课件资源服务热线）
网　　址 /	http://www.bitpress.com.cn
版 印 次 /	2023 年 7 月第 1 版第 1 次印刷
印　　刷 /	河北鑫彩博图印刷有限公司
开　　本 /	787 mm×1092 mm　1/16
印　　张 /	17.5
字　　数 /	370 千字
定　　价 /	79.00 元

图书出现印装质量问题，请拨打售后服务热线，负责调换

前　言

随着政府持续加力，为纯电动汽车发展护航，纯电动汽车是我国汽车产业发展的大势所趋。相对于纯电动汽车销量井喷式发展，纯电动汽车专业人才培养相对滞后，能够从事纯电动汽车生产、管理及售后维修的技能人才缺口正逐渐加大。既有系统的专业知识，又有实际工作经验的纯电动汽车售后服务的技能人才成为人才市场上的需求热点。本书编写团队在纯电动汽车售后服务教学经验及实践经验的基础上，基于"岗课赛证"理念，融入纯电动汽车售后服务领域新技术、新工艺、新规范，编写了一本对纯电动汽车售后服务人员具有指导意义的教材。

本书以党的二十大报告精神为基本遵循，在编写过程中，按照教育部专业教学改革精神及学校对新形势下教学改革和课程改革的需要，以任务化形式对书稿内容进行重构，充分考虑了如何更好地培养优秀的纯电动汽车售后服务人才。本书具有如下特点：

（1）反映了当前教学改革和课程改革的主要方法和趋势，以典型工作案例为情境引入，以岗位工作流程为教学流程，采用任务化的方式进行教学。

（2）尊重职业教育的特点，理实一体化教学，注重专业技能与专业素养的形成。

（3）注重融入纯电动汽车发展过程中出现的新技术以及售后服务领域出现的新工艺、新规范，以国家及行业最新要求为引领。

（4）内容编排上以纯电动汽车机电维修岗工作的维修过程为主线，主动与岗位工作任务无缝对接。

（5）通过使用者个性化学习记录，本书可作为使用者学习或工作过程中知识技能积累的工作手册。

本书由长沙职业技术学院张霞、陈晓鹏、潘达担任主编，长沙职业技术学院罗继、陈享姿、刘岳、李智军、武海华，湖南工业职业技术学院张京京、杨承阁，湖南汽车工程职业技术学院陈标，湖南机电职业技术学院李思思、湖南交通职业技术学院彭波等担任副主编，比亚迪股份有限公司谢文波、湖南国合汽车服务管理有限公司何锦霞、福田汽车欧航欧马可事业部刘阳、长安润锦汽车销售服务有限公司技术总监郑波等参与了本书的编写工作。

本书在编写过程中，编者查阅了大量公开或者内部发行的技术资料和书刊，借用了其中一些图表及内容，在此向原作者致以衷心的感谢。

由于编者水平有限，加之时间仓促，书中难免存在缺漏之处，敬请广大读者批评指正。

编　者

课程思政方案

目 录

任务一　高压作业安全防护 ·· 1

任务二　高压系统认知 ·· 21

任务三　绝缘故障灯点亮故障诊断与排除 ·· 40

任务四　高压互锁故障诊断与排除 ··· 65

任务五　充电设备异常故障诊断与排除 ·· 88

任务六　充电信号异常故障诊断与排除 ·· 111

任务七　动力电池状态异常故障诊断与排除 ··· 136

任务八　动力电池异常断开故障诊断与排除 ··· 160

任务九　动力电池能量回收关闭指示灯点亮故障诊断与排除 ······················ 181

任务十　驱动电机过热故障诊断与排除 ·· 204

任务十一　驱动电机异响故障诊断与排除 ·· 227

任务十二　驱动电机功率指示灯异常故障诊断与排除 ································· 249

参考文献 ··· 272

任务一

高压作业安全防护

项目编号			成　绩	
姓　名			班　级	
日　期			教师签名	
教学目标	知识目标	1. 掌握常见的高压安全防护设备及要求； 2. 掌握常见的测量工具及使用方法	岗	对接纯电动汽车机电维修岗位典型工作任务"高压系统部件检测与维修"
	能力目标	1. 能够规范使用检测设备、防护用具； 2. 能够规范进行高压作业安全防护	证	对接职业技能等级证书："新能源汽车动力驱动电机电池技术（高级）"模块技能要求"新能源汽车工作安全"
	素质目标	1. 树立高压作业安全防护意识； 2. 养成规范操作的习惯	赛	前期准备，安全检查，目视检查，高压断电，非带电状态检测验证

一、情境描述

纯电动汽车服务站维修技师刘师傅向学徒小明介绍了车辆维修工位布置的注意事项，并对绝缘万用表、交直流钳形表、放电工装的结构和使用方法做了演示与说明。维修车间现新接收了一辆纯电动故障车，刘师傅安排学徒小明进行维修前场地布置与设备准备。

二、任务分组

（1）全班分成若干组，每组固定人数，由教师指定工位并布置任务；
（2）每组从接到任务书起，由组长安排组内分工，完成工作任务；
（3）实训时需经组长报告教师并经教师同意后方可开始；
（4）实训过程中教师考核学生知识应用能力及安全文明、团队合作等职业素养。

学生任务分配表

班级		组号		指导教师	
组长		学号			
组员	姓名		学号		任务分工

三、获取资讯

引导问题 1：请写出纯电动汽车维修场地安全要求。

纯电动汽车维护、检测、诊断技术规范

了解高压作业安全防护

引导问题 2：请写出纯电动汽车专用工位需要使用的安全防护用具名称。

安全防护用具名称

序号	类型	防护用具名称
1	人员防护	
2	车辆防护	
3	场地防护	

引导问题 3：请写出高压安全作业个人防护用具的名称、用途与检查方法。

责任意识　　高压作业安全防护检查

个人防护用具的用途与检查方法

序号	用具名称	用途描述	检查方法
1			
2			
3			
4			
5			
6			
7			

引导问题 4：请写出维修车辆防护用具的名称与用途。

维修车辆防护用具的名称与用途

序号	用具名称	用途描述
1		
2		
3		
4		
5		
6		
7		

引导问题 5：请写出纯电动汽车维修场地防护用具的名称与用途。

维修场地防护用具的名称与用途

序号	用具名称	用途描述
1		
2		
3		
4		
5		
6		
7		
8		
9		
10		

四、计划决策

引导问题 1：请写出纯电动汽车维修作业安全防护步骤的作业项目与操作要点。

维修作业安全防护

序号	作业项目	操作要点	备注
1			
2			
3			
4			
5			
6			
7			
8			
9			
10			
11			
12			

引导问题 2：请写出纯电动汽车维修作业安全防护使用的设备、工具、材料。

设备、工具、材料清单

序号	名称	数量	型号 / 特征参数 / 组成	符合要求
1				
2				
3				
4				
5				
6				
7				
8				
9				
10				
11				
12				

引导问题 3：请写出纯电动汽车维修作业安全防护注意事项。

安全防护注意事项

序号	作业项目	注意事项	备注
1			
2			
3			
4			
5			
6			
7			
8			
9			
10			
11			
12			

引导问题 4：计划完成后，由教师进行审核，确定是否可以实施。

计划审核

计划审核	审核意见： 年　月　日　签字

五、工作实施

引导问题 1：请完成纯电动汽车维修作业前高压作业个人安全防护并填写高压作业个人安全防护用具检查记录表。

高压作业安全防护

高压作业个人安全防护用具检查记录表

（1）检查绝缘手套的气密性			
	绝缘防护电压		
	漏电电流		
	气密性检查方法		
	检查结果	□良好	□漏气
（2）检查绝缘鞋、护目镜和安全帽外观是否完好			
绝缘鞋外观检查		护目镜外观检查	安全帽外观检查
□良好　　□破损		□良好　　□破损	□良好　　□破损
（3）穿戴高压个人防护用具			
1）穿上维修工服和绝缘鞋			

续表

	维修工服穿戴注意事项：
	穿维修工服的作用：
	绝缘鞋穿戴注意事项：
	穿绝缘鞋的作用：

2）佩戴护目镜

	佩戴护目镜的注意事项：
	佩戴护目镜的作用：

3）佩戴安全帽

	安全帽的佩戴规范：
	佩戴安全帽的作用：

4）戴好绝缘手套

	绝缘手套的使用要求：
	穿戴绝缘手套的作用：

引导问题 2：请完成纯电动汽车维修作业前车辆和场地安全防护并填写维修场地与车辆安全防护记录表。

维修场地与车辆安全防护记录表

（1）车辆检查及防护				
1）检查车辆停放位置是否合适				
	车辆距双柱距离是否均匀	左右：□是　　□否　　前后：□是　　□否		
	支点数量			
	是否对齐	□是　　□否		
2）安装车内三件套				
	三件套名称			
	安装顺序			
	铺设三件套的原因			
3）检查驻车制动器及挡位位置				
	驻车制动器状态	□落下　　□提起		
	挡位位置	□R挡　　□N挡　　□D挡　　□E挡		
	注意事项			
4）安放车轮挡块				
	挡块数量	□1　　□2　　□3　　□4		
	车轮挡块安放位置			
	安放挡块原因			
5）在维修工位周围布置警戒带				
	操作对象			
	与车辆距离参考值	前：　　　　　　后：　　左：　　　　　　右：		
	布置警戒带的原因			

续表

6）放置危险警示牌		
	警示牌放置位置	□前机舱盖　　□车顶　　□地面
	放置警示牌的作用	
	说明：	

7）铺设翼子板防护垫		
	翼子板防护垫数量	□1　□2　□3　□4
	铺设翼子板防护垫的原因：	

（2）维修工具检查		
	需要检查的绝缘维修工具	
	绝缘防护电压	
	外观	□良好　　□破损

（3）绝缘垫检查		
	外观检查	□砂眼　　□老化　　□厚度　　□破裂　□其他
	绝缘电阻测试	
	说明	

（4）灭火器器材检查		
	灭火器有效期检查	□是　　□否
	灭火器部件检查	压力指示检查：　　□是　　□否 喷射软管的检查：　□是　　□否 保险机构的检查：　□是　　□否 标识的检查：　　　□是　　□否 外观检查：　　　　□是　　□否

引导问题 3： 请完成纯电动汽车高压下电操作并填写车辆高压下电记录表。

车辆高压下电记录表

序号		流程步骤	备注
1		负极桩头绝缘处理方式 □绝缘防尘帽　　□绝缘胶带	
2		检修开关拆卸工具： 名称：	
3		动力直流母线电压检测：	
4	高压下电是否完成	□是　　□否	

注：以上实操内容根据工位实际情况填写，若无，则不填。

六、评价反馈

根据学生活动过程中的表现进行小组自评和小组互评及教师评价。

活动过程小组自评表

班级		组名		日期	
评价指标	评价要求			分数	分数评定
信息资讯	能够利用网络资源、车辆维修手册、学习信息页查找有效信息			10	
	能够用自己的语言清晰、有条理地回答课堂问题				
	能够有效地将搜索的知识转换到课堂学习中				
职业素养	能够熟悉自己的任务分工，认同自己的劳动价值			10	
	能够在实训过程中清晰认识到纯电动汽车维修安全要求				
	能够有效提高个人的高压危险作业防护意识				

续表

评价指标	评价要求	分数	分数评定
思政素养	能够通过思政讨论、思政点背景查询，清晰理解"规范操作、安全防护"深入内涵	10	
课堂参与	与教师之间能够保持尊重、理解、平等的交流	10	
	与同学之间能够保持多向、丰富、适当的信息交流		
	能够自主学习，不流于形式，独立思考问题，做到有效学习	10	
	能够针对课堂问题提出建设性意见或看法		
	能够按照实操要求规范操作		
	实训小组内部能够协同操作		
学习能力	能够独立或小组协作使用课程资源自主学习	10	
	能够独立或小组协作计划决策，体现思维逻辑性、有效性		
	能够获得进一步发展的能力		
技能实操	遵守实训室管理规定、个人实训着装规定	15	
	遵守实训过程操作规范要求		
	遵守实训设备使用操作规范，不违规操作设备		
	能够保证课堂出勤，做到不迟到不早退		
	能够积极参与课堂活动，积极完成任务工单		
	能够多角度思考问题，主动发现、提出有价值的问题		
思维状态	能够发现问题、提出问题、分析问题、解决问题、创新问题	10	
评价反馈	能够按时按质完成工作任务	15	
	能够掌握碎片化专业知识点		
	具有较强的信息分析能力和理解能力；具有较为全面、严谨的思维能力，并能清晰表达		
自评分数			
有益的经验和做法			
总结反思建议			

活动过程小组互评表

班级		组名		日期	
评价指标	评价要求			分数	分数评定
信息资讯	该组能够利用网络资源、车辆维修手册、学习信息页查找有效信息			10	
	该组能够用自己的语言清晰、有条理地回答课堂问题				
	该组能够有效地将搜索的知识转换到课堂学习中				
职业素养	该组能够熟悉自己的任务分工，认同自己的劳动价值			10	
	该组能够在实训过程中清晰认识到纯电动汽车维修安全要求				
	该组能够有效提高高压危险作业防护意识				
思政素养	该组能够通过思政讨论、思政点背景查询，清晰理解"规范操作、安全防护"深入内涵			10	
课堂参与	该组与教师之间能够保持尊重、理解、平等的交流			10	
	该组同学之间能够保持多向、丰富、适当的信息交流				
	该组能够自主学习，不流于形式，独立思考问题，做到有效学习			10	
	该组能够针对课堂问题提出建设性意见或看法				
	该组能够按照实操要求规范操作				
	实训小组内部能够协同操作				
学习能力	该组能够独立或小组之间协作使用课程资源自主学习；			10	
	该组能够独立或小组之间协作计划决策，体现思维逻辑性、有效性				
	该组能够获得进一步发展的能力				
技能实操	该组遵守实训室管理规定、个人实训着装规定			15	
	该组遵守实训过程操作规范要求				
	该组遵守实训设备使用操作规范，不违规操作设备				
	该组能够保证课堂出勤，做到不迟到不早退				
	该组能够保证积极参与课堂活动，积极完成任务工单				
	该组能够多角度思考问题，主动发现、提出有价值的问题				
思维状态	该组能够发现问题、提出问题、分析问题、解决问题、创新问题			10	
评价反馈	该组能够按时按质完成工作任务			15	
	该组能够掌握碎片化专业知识点				
	该组具有较强的信息分析能力和理解能力；具有较为全面、严谨的思维能力，并能清晰表达				
	互评分数				
简要评述					

教师评价表

班级				组名		日期	
出勤							
			评价要求		分数	分数评定	
一	任务描述、接受任务	口述任务内容细节	表述仪态自然、吐字清晰		3	表述仪态不自然或吐字模糊扣1分	
			表达思路清晰、层次分明、准确			表达思路模糊或层次不清扣1分	
二	任务分析、任务分工	分析操作流程，分组分工	操作流程关键点分析准确		5	操作流程关键点分析不准确扣1分	
			知识回顾完整，分组分工明确			知识回顾不完整扣1分，分组分工不明确扣1分	
三	计划决策	操作流程	合理、可执行、完整		5	1处不合理扣1分，扣完为止；不能执行、不完整扣5分	
		设备、工具、材料	设备、工具、材料准备齐全		5	设备、工具、材料缺1个，扣1分，扣完为止	
四	课堂故事	思政背景	背景基础扎实、感悟能够内化，指导实践		10	表述仪态不自然或吐字模糊扣1分，观点不清晰扣1分，扣完为止	
		思政感悟					
五	工作实施	高压作业个人安全防护用具检查、使用	设备、工具、材料准备		3	每漏1项扣1分，扣完为止	
			资料准备		3	实操期间缺失1项扣1分，扣完为止	
			正确检查、佩戴防护用具		5	每错1项扣1分，扣完为止	
		维修工位与车辆防护	设备、工具、材料准备		5	每漏1项扣1分，扣完为止	
			正确进行工位与车辆防护检查与布置		15	每错1项扣1分，扣完为止	
		车辆高压下电	高压下电流程安全、合理		20	1处不合理扣1分，扣完为止	
		现场恢复	保证6S、三步落地		3	每漏1项扣1分，扣完为止	
			设备、工具、材料、车辆恢复整理		3	每违反1项扣1分，扣完为止	
六	总结	任务总结	依据自评表分数		2		
			依据互评表分数		3		
			依据个人总结评价		10	依据内容酌情给分	
			合计		100		

七、相关知识点

1. 维修场地要求

纯电动汽车维修车间区别于传统汽车维修车间，由于高压危险存在，安全管理更加严格，必须注意以下事项：

（1）规定面积。维修场地的面积根据实际要求确定，并应符合国家相关标准的规定。

（2）光线充足。维修车间的采光应按照《建筑采光设计标准》（GB 50033—2013）的有关规定，光线不能改变高压线束颜色，应避免对工作产生遮挡和不利的阴影，避免因为视线不好意外触碰到高压线而发生事故，能够有利于其他人员及时观察到可能存在的隐患。

（3）通风良好。维修场地应通风顺畅，有利于有害物质的排除，在发生触电或自燃情况时，良好通风能使伤者获得更多的氧气，通风应符合《建筑设计防火规范（2018年版）》（GB 50016—2014）和工业企业通风的有关要求。

（4）场地防火。应符合《建筑设计防火规范（2018年版）》（GB 50016—2014）中有关厂房、仓库防火的规定，以及《汽车库、修车库、停车场设计防火规范》（GB 50067—2014）的有关规定。维修场地应配备完善的灭火器器材，如干粉灭火器、水晶型灭火器、消防栓等，灭火器器材应放置在固定、醒目位置，定期检查有效性。

（5）场地卫生。卫生应符合《工业企业设计卫生标准》（GBZ 1—2010）、《生产过程安全卫生要求总则》（GB/T 12801—2008）的有关要求。

（6）安全标志。安全标志应符合《安全标志及其使用导则》（GB 2894—2008）、《安全色》（GB 2893—2008）的有关要求。

（7）管理制度。高压维修场地管理制度应张贴在醒目位置，如对消防安全、触电急救、维修人员安全防护、高压标识使用等有明确要求的位置。

2. 维修人员安全防护

纯电动汽车维修与传统汽车维修具有很大区别，具体表现在维修人员应采取高压作业安全防护措施。佩戴防护用具主要使用的维修人员防护用具如下。

（1）绝缘手套（图1.1）。绝缘手套是一种有绝缘作用的带电作业用手套，它可以使人的两手与带电体绝缘，防止人手触及同一电位的带电体，或同时触及不同电位带电体而触电。

图 1.1 绝缘手套

根据国标规定，绝缘手套的每只手套上必须有明显且持久的标记，内容包括标记符号、使用电压等级/类别、制造单位或商标、规格型号、周期试验日期栏、检验合格印章、贴有经试验单位定期试验的合格证等信息，如图1.2所示。

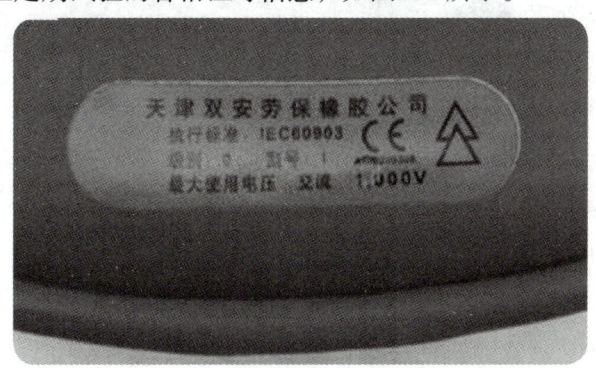

图 1.2　绝缘手套标记

绝缘手套按照不同电压等级可分为多个级别，见表1.1。

表 1.1　绝缘手套参数表

级别	试验验证电压（AV/DC）/kV	最低耐受电压/kV	最大泄漏电流/mA	最大使用电压（AC/DC）/kV
00	2.5/10	5	≤14	0.5/0.75
0	5/20	10	≤16	1/1.5
1	10/40	20	≤18	7.5/11.25
2	20/50	30	≤20	17/25.5
3	30/60	40	≤22	26.5/39.75
4	40/70	50	≤24	36/54

绝缘手套的使用要求如下：

1）使用经检验合格的绝缘手套；

2）绝缘手套的检验每6个月一次；

3）穿戴前要对绝缘手套进行气密性检查；

4）使用时注意防止尖锐物体刺破手套；

5）使用后注意存放在干燥处，并不得接触油类及腐蚀性药品等；

6）绝缘手套使用前应进行外观检查，如发现有发黏、裂纹、破口（漏气）、气泡、发脆等损坏时，禁止使用；

7）进行设备验电、放电操作，装拆接地线等工作时应佩戴绝缘手套；

8）使用绝缘手套时应将上衣袖口套入手套筒口内。

（2）护目镜（图1.3）。护目镜是纯电动汽车维修工作中必不可少的一种防护工具。在高压部件接触时会发出电弧光，热度高，亮度大，会对眼睛直接造成伤害。

图 1.3 护目镜

护目镜的使用要求如下：
1）护目镜根据使用者脸型判断规格大小；
2）护目镜可调节头带以调整与面部的合适程度；
3）要选用经产品检验机构检验合格的护目镜；
4）镜片磨损粗糙、镜架损坏会影响操作人员的视力，应及时调换；
5）护目镜要专人使用，防止传染眼疾。

（3）安全帽（图 1.4）。安全帽作为一种个人头部防护用品，能有效地防止和减轻操作人员在生产作业中遭受坠落物体、头部高压触电对头部的伤害，如果佩戴和使用不正确，会导致安全帽在受到冲击时起不到防护作用。

图 1.4 安全帽

绝缘帽的使用要求如下：
1）戴安全帽前应将帽后调整带按自己头型调整到合适的位置，然后将帽内弹性带系牢；
2）缓冲衬垫的松紧由带子调节，人的头顶和帽体内顶部的空间垂直距离一般为 25～50 mm，至少不小于 32 mm；
3）不要把安全帽歪戴，也不要把帽檐戴在脑后方；
4）安全帽的下颌带必须扣在颌下，并系牢，松紧要适度；
5）在现场作业中，不得将安全帽脱下搁置一旁，或当坐垫使用；
6）平时使用安全帽时应保持整洁，不能接触火源，不要任意涂刷油漆。

（4）防护服（图 1.5）。防护服不仅是维修人员所穿的衣服，而且它在给纯电动汽车操作人员提供安全保障的同时，还能反映员工的精神风貌，体现企业的文化内涵，提升企业形象。

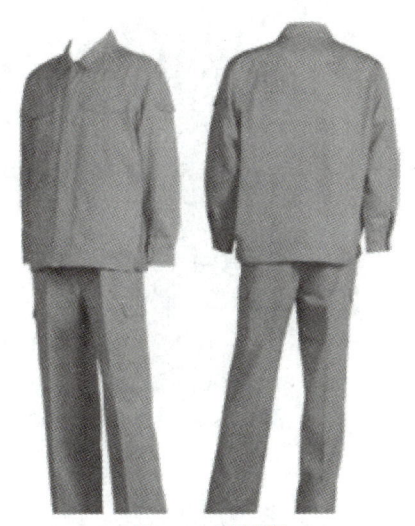

图 1.5　防护服

防护服的使用要求如下：

1）面料：应当选择防静电、耐摩擦的面料；

2）防护服要求是收口的，下摆、袖口、裤腿都可以扣起来，能有效地减小衣服卡入车辆缝隙中的概率，提高作业安全性；

3）颜色选择：以醒目色为宜。

（5）绝缘鞋（图 1.6）。绝缘鞋的作用是使人体与地面绝缘，防止电流通过人体与大地之间构成通路，对人体造成电击伤害，把触电时的危险降低到最小程度；它还防止试验电压范围内的跨步电压对人体造成的危害。

图 1.6　绝缘鞋

绝缘鞋的使用注意事项如下：

1）选择适合电压等级的绝缘鞋；

2）绝缘鞋应具有防砸功能；

3）穿用电绝缘鞋时，其工作环境应保持鞋面干燥；

4）严禁与锐器、高温、酸、碱类或其他腐蚀性物品接触，凡绝缘鞋帮底有腐蚀、破损之处，均不能再当作电绝缘鞋使用；

5）应存放在干燥、通风的仓库内，防止霉变，堆放离开地面、墙壁 0.2 m 以上；

6）储存期超过 24 个月的绝缘鞋须进行预防性电性能检验。

（6）绝缘垫（图 1.7）。绝缘垫是一种具有较大体积电阻率和耐电击穿的胶垫，用于纯电动汽车在维修过程中的台面或铺地绝缘材料。

图 1.7　绝缘垫

绝缘垫的使用要求如下：

1）表面要平整，不能有小孔、裂缝、局部隆起、切口、夹杂、导电异物、折缝、空隙、凹凸波纹及铸造标志等破坏均匀性和损坏表面光滑轮廓的缺陷，以防止降低耐压标准、缩短击穿时间。

2）不能在潮湿的环境中使用，禁止与油、酸、碱或其他有害物质接触，并远离热源，避免阳光直射，防止尖锐物体碰撞；否则会失去作用。

3）应储存在干燥通风的环境中，远离热源 1 m 以上，离开地面和墙壁 20 cm 以上；

4）维修操作时，应双脚站在绝缘垫上。

3. 其他防护要求

（1）对于维修过程中的高压配件，必须立即标识明显的高压勿动警示，并禁止将带有高压电的部件放置在无人看管的环境下。警示牌如图 1.8 所示。

图 1.8　警示牌

（2）高电压修理与维护过程中，维修人员禁止戴手表、金属笔等金属物品在身上。

（3）严禁非专业人员对高压部件进行移除及安装。

（4）未经高压安全培训并取得许可证的维修人员，不允许对高压部件进行维修等操作。

（5）在车辆充电过程中不允许对高压部件进行拆装、维修等工作。

（6）维修前必须进行高电压禁用操作。

（7）在车辆维修期间，必须同时有两名持有上岗证的人员进行工作，其中一名人员作为工作的监护人，工作职责为监督维修的全过程，如图1.9所示。当发生触电事故时，监护人应该立即采取有效措施进行急救。

图 1.9　维修时必须设专职监护人

4. 高电压禁用操作程序

拆解、维修纯电动汽车高电压系统前，必须首先执行高压电禁用流程。高压电禁用操作程序如下：

（1）移：移除车辆上所有外部电源，包括12 V蓄电池充电器；

（2）拔：拔出充电枪（仅针对插电式混合动力车或电动车）；

（3）关：关闭点火开关，把钥匙放到安全区域；

（4）断：断开12 V蓄电池负极，并远离负极区域；

（5）取：取下MSD（手动分离开关），放到安全区域；

（6）等：等待5 min，以保证高压能量全部释放；

（7）查：佩戴个人安全防护设备，拆卸高压连接器，开始下一步的电压验证。

5. 高压维修工位布置

高压维修工位布置应满足以下要求：

（1）专用的维修工位。

（2）清洁，干燥，通风良好。

（3）维修作业前请设置安全隔离警示。

（4）维修工位上必须配有防护用品。

（5）避免无关人员靠近。

6. 车间维修人员要求

纯电动汽车维修操作人员必须持证上岗，并经过培训，才能进行操作。

（1）具备中华人民共和国应急管理部颁发的特种作业操作证（低压电工证），如图 1.10 所示。

（2）必须经过新技术有限公司新车型培训，并通过考核。

图 1.10　特种作业操作许可证

八、拓展学习

扫描二维码阅读相关内容。

新能源汽车售后服务规范

高压作业错误操作

任务二 高压系统认知

项目编号			成　绩	
姓　名			班　级	
日　期			教师签名	
教学目标	知识目标	1. 掌握纯电动汽车高压系统的组成与高压部件的作用； 2. 掌握纯电动汽车整车高压拓扑图，确定高压部件的固定位置	岗	对接纯电动汽车机电维修岗位典型工作任务"高压系统部件检测与维修"
	能力目标	1. 能够规范认知纯电动汽车高压部件； 2. 能够准确认知不同型号车辆的高压系统	证	对接职业技能等级证书："新能源汽车动力驱动电机电池技术（初级）"模块技能要求"动力电池检查保养""驱动电机检查保养"等高压部件及高压线束的检查
	素质目标	1. 树立高压作业安全防护意识； 2. 树立责任意识，守护安全	赛	前期准备，安全检查，目视检查，高压断电，非带电状态检测验证，高压系统检查

一、情境描述

新能源汽车服务站学徒工小明，经过了前期的培训，能够完成纯电动汽车维修专用工位高压安全操作前的防护工作，接下来维修技师刘师傅借助故障车辆向小明介绍整车高压系统部件，为纯电动汽车维修技能学习做好准备。

二、任务分组

（1）全班分成若干组，每组固定人数，由教师指定工位并布置任务；
（2）每组从接到任务书起，由组长安排组内分工，完成工作任务；
（3）实训时需经组长报告教师并经教师同意后方可开始；
（4）实训过程中教师考核学生知识应用能力及安全文明、团队合作等职业素养。

学生任务分配表

班级		组号		指导教师	
组长		学号			
组员	姓名		学号		任务分工

三、获取资讯

引导问题1： 请查阅纯电动实训车辆的相关信息。

高压系统认知

_____

_____

_____

_____

引导问题 2：请搜索资源，了解纯电动汽车高压系统包括的部件。

_____

_____

_____

_____

引导问题 3：根据维修手册，查找实训车辆高压部件，写出其名称并绘制其所具有的高压部件外观图和高压接插件位置图。

高压部件外观图和高压接插件位置图

名称	高压部件外观图和高压接插件位置图

引导问题 4：请写出纯电动汽车高压部件的名称与功能。

纯电动汽车高压部件的名称与功能

序号	名称	功能
1		
2		
3		
4		
5		
6		
7		
8		
9		
10		
11		
12		
13		

引导问题 5：请写出纯电动汽车高压线束的名称与功能。

纯电动汽车高压线束的名称与功能

序号	名称	功能
1		
2		
3		
4		
5		
6		
7		
8		
9		
10		
11		
12		
13		

四、计划决策

引导问题 1：请写出纯电动汽车高压系统及部件认知步骤的作业项目和操作要点。

高压系统及部件认知

序号	作业项目	操作要点	备注
1			
2			
3			
4			
5			
6			
7			
8			
9			
10			
11			
12			

引导问题 2：请写出纯电动汽车高压系统认知使用的检测设备、工具、材料。

检测设备、工具、材料清单

序号	名称	数量	型号/特征参数/组成	符合要求
1				
2				
3				
4				
5				
6				
7				
8				
9				
10				
11				
12				
13				
14				

引导问题3：请写出纯电动汽车高压系统认知的作业项目和注意事项。

高压系统认知

序号	作业项目	注意事项	备注
1			
2			
3			
4			
5			
6			
7			
8			
9			
10			
11			
12			

引导问题4：计划完成后，由教师进行审核，确定是否可以实施。

计划审核

计划审核	审核意见：
	年　月　日　签字

五、工作实施

引导问题1：请完成纯电动汽车维修作业前高压作业个人安全防护并填写高压作业个人安全防护用具检测记录表。

安全意识　　高压作业安全防护

高压作业个人安全防护用具检查记录表

（1）检查绝缘手套的气密性		
	绝缘防护电压	
	漏电电流	
	气密性检查方法	
	检查结果	□良好　　□漏气

（2）检查绝缘鞋、护目镜和安全帽外观是否完好		
绝缘鞋外观检查	护目镜外观检查	安全帽外观检查
□良好　　□破损	□良好　　□破损	□良好　　□破损

（3）穿戴高压个人防护用具	
1）穿上维修工服和绝缘鞋	
	维修工服穿戴注意事项：
	穿维修工服的作用：
	绝缘鞋穿戴注意事项：
	穿绝缘鞋的作用：

续表

2）佩戴护目镜		
	佩戴护目镜的注意事项：	
	佩戴护目镜的作用：	
3）佩戴安全帽		
	安全帽的佩戴规范：	
	佩戴安全帽的作用：	
4）戴好绝缘手套		
	绝缘手套的使用要求：	
	穿戴绝缘手套的作用：	

引导问题 2：请完成纯电动汽车维修作业前车辆与场地安全防护并填写维修场地与车辆安全防护记录表。

维修场地与车辆安全防护记录表

（1）车辆检查及防护		
1）检查车辆停放位置是否合适		
	车辆距双柱距离是否均匀	左右：□是　□否 前后：□是　□否
	支点数量	
	是否对齐	□是　□否

续表

2）安装车内三件套		
	三件套名称	
	安装顺序	
	铺设三件套的原因	

3）检查驻车制动器及挡位位置		
	驻车制动器状态	□落下　　□提起
	挡位位置	□R挡　　□N挡　　□D挡　　□E挡
	注意事项	

4）安放车轮挡块		
	挡块数量	□1　　□2　　□3　　□4
	车轮挡块安放位置	
	安放挡块原因	

5）在维修工位周围布置警戒带		
	操作对象	
	与车辆距离参考值	前：　　　　后： 左：　　　　右：
	布置警戒带的原因	

6）放置危险警示牌		
	警示牌放置位置	□前机舱盖　　□车顶　　□地面
	放置警示牌的作用	
	说明：	

续表

7）铺设翼子板防护垫		
	翼子板防护垫数量	□1 □2 □3 □4
	铺设翼子板防护垫的原因：	
（2）维修工具检查		
	需要检查的绝缘维修工具	
	绝缘防护电压	
	外观	□良好　　□破损
（3）绝缘垫检查		
	外观检查	□砂眼　□老化　□厚度　□破裂 □其他
	绝缘电阻测试	
	说明	
（4）灭火器器材检查		
	灭火器有效期检查	□是　　□否
	灭火器部件检查	压力指示检查：　　□是　□否 喷射软管的检查：　□是　□否 保险机构的检查：　□是　□否 标识的检查：　　　□是　□否 外观检查：　　　　□是　□否

引导问题3：请完成纯电动汽车高压下电操作并填写车辆高压下电记录表。

车辆高压下电记录表

序号		流程步骤	备注
1		负极桩头绝缘处理方式 □绝缘防尘帽　　□绝缘胶带	

续表

序号		流程步骤	备注
2		检修开关拆卸工具： 名称：	
3		动力直流母线电压检测：	
4	高压下电是否完成	□是　　□否	
注：以上实操内容根据工位实际情况填写，若无，则不填。			

引导问题 4：请观察实训车辆高压系统，绘制实训车辆的高压系统结构图。

认知车辆高压系统

高压系统结构图

引导问题 5：观察实训车辆高压部件，写出不同高压部件名称、高压端口名称与功能。

高压部件名称、高压端口名称与功能

序号	高压部件名称	高压端口名称	功能
1			
2			
3			
4			
5			
6			

续表

序号	高压部件名称	高压端口名称	功能
7			
8			
9			
10			

注：以上实操内容根据工位实际情况填写，若无，则不填。

六、评价反馈

根据学生活动过程中的表现进行小组自评、小组互评和教师评价。

活动过程小组自评表

班级		组名		日期	
评价指标	评价要求			分数	分数评定
信息资讯	能够利用网络资源、车辆维修手册、学习信息页查找有效信息			10	
	能够用自己的语言清晰、有条理地回答课堂问题				
	能够有效地将搜索的知识转换到课堂学习中				
职业素养	能够熟悉自己的任务分工，认同自己的劳动价值			10	
	能够在实训过程中清晰认识到纯电动汽车维修安全要求				
	能够有效提高个人的高压危险作业防护意识				
思政素养	能够通过思政讨论、思政点背景查询，清晰理解"责任意识、守护安全"深入内涵			10	
课堂参与	与教师之间能够保持尊重、理解、平等的交流			10	
	与同学之间能够保持多向、丰富、适当的信息交流				
	能够自主学习，不流于形式，独立思考问题，做到有效学习			10	
	能够针对课堂问题提出建设性意见或看法				
	能够按照实操要求规范操作				
	实训小组内部能够协同操作				
学习能力	能够独立或小组协作使用课程资源自主学习			10	
	能够独立或小组协作计划决策，体现思维逻辑性、有效性				
	能够获得进一步发展的能力				

续表

评价指标	评价要求	分数	分数评定
技能实操	遵守实训室管理规定、个人实训着装规定	15	
	遵守实训过程操作规范要求		
	遵守实训设备使用操作规范，不违规操作设备		
	能够保证课堂出勤，做到不迟到不早退		
	能够积极参与课堂活动，积极完成任务工单		
	能够多角度思考问题，主动发现、提出有价值的问题		
思维状态	能够发现问题、提出问题、分析问题、解决问题、创新问题	10	
评价反馈	能够按时按质完成工作任务	15	
	能够掌握碎片化专业知识点		
	具有较强的信息分析能力和理解能力；具有较为全面严谨的思维能力，并能清晰表达		
自评分数			
有益的经验和做法			
总结反思建议			

活动过程小组互评表

班级		组名		日期	
评价指标	评价要求			分数	分数评定
信息资讯	该组能够利用网络资源、车辆维修手册、学习信息页查找有效信息			10	
	该组能够用自己的语言清晰、有条理地回答课堂问题				
	该组能够有效地将搜索的知识转换到课堂学习中				
职业素养	该组能够熟悉自己的任务分工，认同自己的劳动价值			10	
	该组能够在实训过程中清晰认识到纯电动汽车维修安全要求				
	该组能够有效提高高压危险作业防护意识				
思政素养	该组能够通过思政讨论、思政点背景查询，清晰理解"责任意识、守护安全"深入内涵			10	

续表

评价指标	评价要求	分数	分数评定
课堂参与	该组与教师之间能够保持尊重、理解、平等的交流	10	
	该组同学之间能够保持多向、丰富、适当的信息交流		
	该组能够自主学习，不流于形式，独立思考问题，做到有效学习		
	该组能够针对课堂问题提出建设性意见或看法	10	
	该组能够按照实操要求规范操作		
	实训小组内部能够协同操作		
学习能力	该组能够独立或小组协作使用课程资源自主学习	10	
	该组能够独立或小组之间协作计划决策，体现思维逻辑性、有效性		
	该组能够获得进一步发展的能力		
技能实操	该组遵守实训室管理规定、个人实训着装规定	15	
	该组遵守实训过程操作规范要求		
	该组遵守实训设备使用操作规范，不违规操作设备		
	该组能够保证课堂出勤，做到不迟到不早退		
	该组能够积极参与课堂活动，积极完成任务工单		
思维状态	该组能够多角度思考问题，主动发现、提出有价值的问题	10	
	该组能够发现问题、提出问题、分析问题、解决问题、创新问题		
评价反馈	该组能够按时按质完成工作任务	15	
	该组能够掌握碎片化专业知识点		
	该组具有较强的信息分析能力和理解能力；具有较为全面、严谨的思维能力，并能清晰表达		
	互评分数		
简要评述			

教师评价表

班级		组名		日期		
出勤						
		评价要求		分数	分数评定	
一	任务描述、接受任务	口述任务内容细节	表述仪态自然、吐字清晰	2	表述仪态不自然或吐字模糊扣1分	
			表达思路清晰、层次分明、准确		表达思路模糊或层次不清扣1分	

续表

		评价要求		分数	分数评定	
二	任务分析、任务分工	分析操作流程，分组分工	操作流程关键点分析准确	3	操作流程关键点分析不准确扣1分	
			知识回顾完整，分组分工明确		知识回顾不完整扣1分，分组分工不明确扣1分	
三	计划决策	操作流程	合理、可执行、完整	5	1处不合理扣1分，扣完为止；不能执行、不完整，扣5分	
		设备、工具、材料	设备、工具、材料准备齐全	3	设备、工具、材料缺1个，扣1分，扣完为止	
四	课程思政	思政背景	背景基础扎实、发展历程清晰、感悟能够内化，指导实践	10	表述仪态不自然或吐字模糊扣1分，观点不清晰扣1分，扣完为止	
		思政感悟				
五	工作实施	高压作业个人安全防护用具检查、使用	设备、工具、材料准备	3	每漏1项扣1分，扣完为止	
			资料准备	2	实操期间缺失1项扣1分，扣完为止	
			正确检查、佩戴防护用具	5	每错1项扣1分，扣完为止	
		维修工位与车辆防护	设备、工具、材料准备	2	每漏1项扣1分，扣完为止	
			正确进行工位与车辆防护检查与布置	10	每错1项扣1分，扣完为止	
		车辆高压下电	高压下电流程安全、合理	10	1处不合理扣1分，扣完为止	
		高压部件识别、功能	高压部件名称认知	15	每错1个扣1分	
			高压部件功能阐述	10	每个部件功能表达模糊扣1分，扣完为止	
		现场恢复	保证6S、三步落地	3	每漏1项扣1分，扣完为止	
			设备、工具、材料、车辆恢复整理	2	每违反1项扣1分，扣完为止	
六	总结	任务总结	依据自评表分数	2		
			依据互评表分数	3		
			依据个人总结评价	10	依据内容酌情给分	
		合计		100		

七、相关知识点

1. 高压系统组成

新能源电动汽车高压系统组成如图 2.1 所示。其包括高压控制盒、车载充电机、DC/DC 变换器、动力电池、高压线束等。

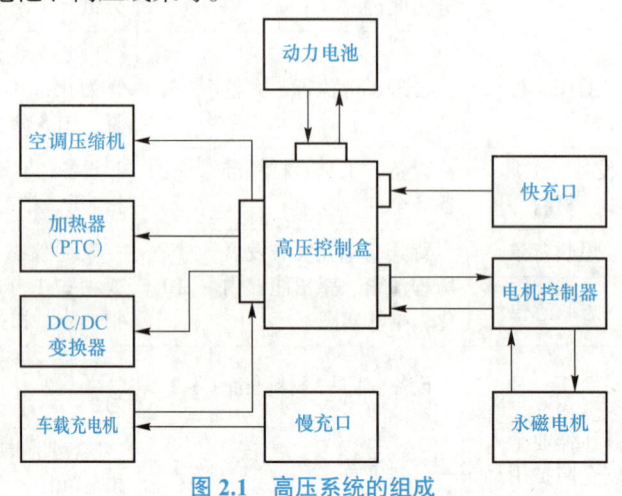

图 2.1 高压系统的组成

高压系统的主要部件在整车的布置随车型不同而有所差异，主要分为分体式和集成式，如图 2.2 和图 2.3 所示。

图 2.2 分体式

图 2.3 集成式

2. 高压控制盒

高压控制盒装置如图 2.4 所示。

3. 车载充电机

（1）车载充电机的作用。车载充电机也称为交流充电机，是电动汽车的一个重要组成部件，它是一种能为电动汽车的动力电池补充电能的设备，可将市电 220 V 交流电转换为动力电池的直流电，实现动力电池电量的补给。

图 2.4 高压控制盒

（2）车载充电机外形。车载充电机外形如图 2.5 所示。

（3）车载充电机输出电缆。经过车载充电机的电压变换，原来交流 220 V 电源转换成动力电池额定（如北汽 EV200 为 440 V）高压直流电源，通过橙色高压电缆，将电流输入动力电池。

4.DC/DC 变换器

（1）DC/DC 变换器的作用。DC/DC 变换器将动力电池的高压直流电转换为整车低压 12 V 直流电，为整车低压用电系统供电及低压电池充电。

图 2.5　车载充电机外形

（2）DC/DC 变换器外部结构。DC/DC 变换器外形结构如图 2.6 所示。

（3）DC/DC 变换器的技术参数。DC/DC 变换器正常工作状态下，上电后，输入直流高压为动力电池电压（200～600 V），正常的负荷下，DC/DC 变换器输出直流电压为 13.8～14 V，最大输出功率为 800 W。DC/DC 变换器采用风冷的冷却方式，电源转换效率大于 88%。通过测量输出的低压直流电压就可以判断 DC/DC 变换器是否正常工作。

图 2.6　DC/DC 变换器外形结构

5.动力电池及管理系统

（1）动力电池的作用。动力电池是纯电动汽车的能量储存装置，是电动汽车的动力源，是纯电动汽车最重要的部件之一，它决定了电动汽车的动力性能、续航里程，还影响到电动汽车的制造成本。动力电池输出电量为电动汽车提供电能，驱动车辆行驶。使用后，动力电池的电能不断减少，需要补充电能（充电），以恢复动力电池的电能。动力电池的电压大多为 100～400 V，输出电流为 300 A，动力电池的容量影响整车的续航里程，同时，也影响充电时间和效率。基于目前的技术，大多数新能源汽车采用的是锂离子动力电池。

（2）动力电池箱体。动力电池箱体外形如图 2.7 所示。动力电池较重且体积大，除了车架外，动力电池是电动汽车最大的部件，面积接近车辆车厢底部面积，质量一般超过 200 kg，为了提高行驶时的稳定性能，动力电池一般安装在车辆的底部，如图 2.8 所示。

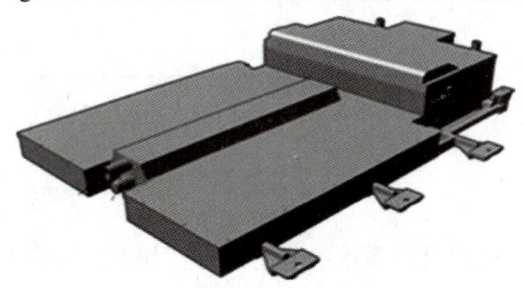

图 2.7　动力电池箱体外形　　　　　　图 2.8　安装在汽车底部的动力电池

6. 驱动电机系统

（1）驱动电机系统的作用。驱动电机是将动力电池的电能转变为机械能的动力输出装置。不同于传统燃油车的发动机将燃油燃烧的化学能转化为机械能，其工作效率更高，达到 85% 以上。因此，与传统汽车相比，其能源利用率更高，可以减少资源浪费。驱动电机通常由驱动电动机（DM）、驱动电机控制器（MCU）构成。通过高低压线束、冷却管路，与整车其他系统作电气和散热连接。

（2）驱动电机外观。北汽新能源的驱动电机采用的是永磁同步电动机。其外形如图 2.9 所示。

图 2.9　永磁同步电动机外形

驱动电机与驱动电机控制器的指标参数见表 2.1。

表 2.1　驱动电机与驱动电机控制器参数

驱动电动机		驱动电机控制器	
类型	永磁同步	直流输入电压	336 V
基速	2 812 r/min	工作电压范围	265～410 V
转速范围	0～9 000 r/min	控制电源	12 V
额定功率	30 kW	控制电源电压范围	9～16 V
峰值功率	53 kW	标称容量	85 kV·A
额定扭矩	102 N·m	质量	9 kg
峰值扭矩	180 N·m	防护等级	IP67
质量	45 kg		
防护等级	IP67		
尺寸（定子直径×总长）	245 mm×280 mm		

驱动电机控制器使用以下传感器来提供驱动电机系统的工作信息，包括电流传感器、电压传感器、温度传感器。

7. 高压线束

高压线束作为高压电力传输的媒介，连接高压系统的各个部件。与低压线束不同，这些线束都配备了高压电，这与整车高压系统的稳定性有很大关系。

（1）动力电池高压电缆。动力电池高压电缆为连接动力电池和高压控制盒的线缆，如图 2.10 所示。

（2）电机控制器电缆。电机控制器电缆为连接高压控制盒和电机控制器的线缆，如图 2.11 所示。

图 2.10　动力电池高压电缆　　　　图 2.11　电机控制器电缆

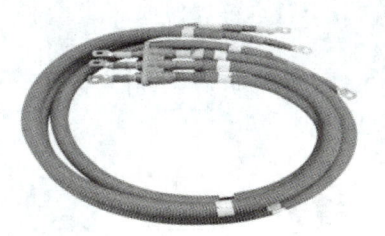

（3）快充线束。连接快充口和高压控制盒的线束，如图 2.12 所示。

（4）慢充线束。连接慢充口车载充电机的线束，如图 2.13 所示。

图 2.12　快充线束　　　　图 2.13　慢充线束

（5）高压附件线束。连接高压控制盒和 DC/DC 变换器、车载充电机、空调压缩机、加热器 PTC 的线束，如图 2.14 所示。

图 2.14　高压附件线束

八、拓展学习

扫描二维码阅读相关内容。

电机控制器　　　　动力电池系统　　　　永磁同步电动机

任务三

绝缘故障灯点亮故障诊断与排除

项目编号			成　绩	
姓　　名			班　级	
日　　期			教师签名	
教学目标	知识目标	1. 掌握纯电动汽车绝缘系统结构组成与工作原理； 2. 掌握纯电动汽车绝缘故障诊断流程图	岗	对接纯电动汽车机电维修岗位典型工作任务"绝缘故障排除"
	能力目标	1. 能够根据故障诊断流程进行纯电动汽车绝缘故障的诊断； 2. 能够自主制订工作计划，严格按照企业实践操作规范，开展纯电动汽车绝缘故障诊断与排除	证	对接职业技能等级证书："新能源汽车动力驱动电机电池技术（高级）"模块技能要求"能诊断车辆不能上电的故障""能诊断动力电池组漏电的故障""能诊断电池管理器漏电的故障""能诊断驱动电机漏电的故障"等高压部件及线束漏电的故障
	素质目标	1. 树立高压作业安全防护意识； 2. 养成尊重他人、妥善沟通的习惯	赛	前期准备，安全检查，仪器连接，故障现象确认，目视检查，读取故障代码与数据流，高压断电，非带电状态检测验证，高压系统的元器件测量与机械拆装，故障点确认和排除

一、情境描述

客户陈先生冒大雨将纯电动汽车从公司开回了家,第二天上电时发现仪表整车系统故障灯、动力电池高压故障灯、绝缘故障指示灯点亮,车辆无法高压上电。随即陈先生将车辆送至新能源汽车服务站,维修技师刘师傅负责对车辆进行故障诊断与排除。

二、任务分组

(1)全班分成若干组,每组固定人数,由教师指定工位并布置任务;
(2)每组从接到任务书起,由组长安排组内分工,完成工作任务;
(3)实训时需经组长报告教师并经教师同意后方可开始;
(4)实训过程中教师考核学生知识应用能力及安全文明、团队合作等职业素养。

学生任务分配表

班级		组号		指导教师	
组长		学号			
组员	姓名	学号		任务分工	

三、获取资讯

引导问题 1:完成纯电动汽车高压系统组成部件填空。

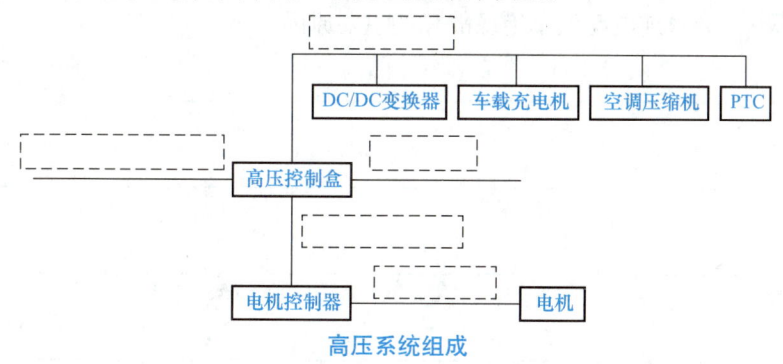

DC/DC变换器　车载充电机　空调压缩机　PTC

高压控制盒

电机控制器　电机

高压系统组成

引导问题 2： 纯电动汽车高压绝缘系统的作用是什么？

_____

_____

_____

引导问题 3： 绘制纯电动汽车高压绝缘系统的结构原理图。

高压系统要求与结构

绝缘系统结构原理图

引导问题 4： 填写纯电动汽车不同高压部件绝缘电阻的标准值。

高压部件绝缘电阻标准值

检测项目	标准值
动力蓄电池正负极绝缘电阻检测	正极绝缘电阻≥____ MΩ；负极绝缘电阻≥____ MΩ
车载充电机正负极绝缘电阻检测	正负极绝缘电阻≥____ MΩ（一般情况下）
DC/DC 变换器正负极绝缘电阻检测	正负极绝缘电阻≥____ MΩ（一般情况下）
空调压缩机正负极绝缘电阻检测	正负极绝缘电阻≥____ MΩ
PTC 正负极绝缘电阻检测	正负极绝缘电阻≥____ MΩ
电机控制器正负极绝缘电阻检测	正负极绝缘电阻≥____ MΩ
高压控制盒正负极绝缘电阻检测	无穷大

引导问题 5： 导致纯电动汽车绝缘故障的主要原因。

_____

_____

_____

_____

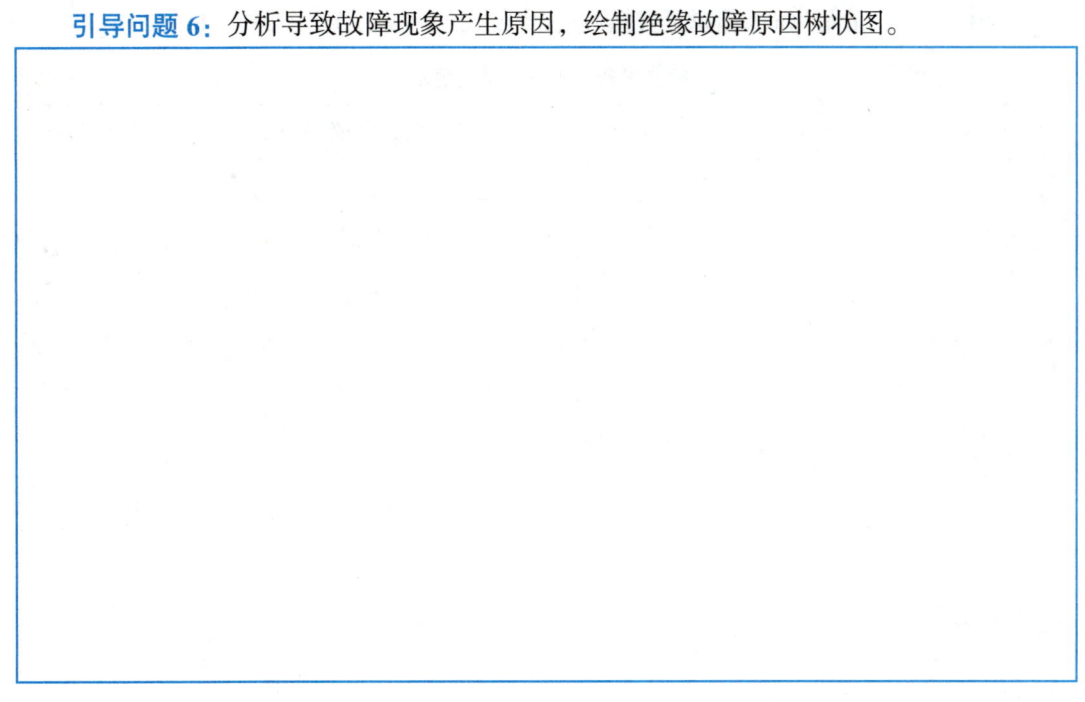

引导问题 6：分析导致故障现象产生原因，绘制绝缘故障原因树状图。

绝缘故障原因树状图

四、计划决策

引导问题 1：请写出纯电动汽车绝缘故障诊断与排除步骤的作业项目和操作要点。

故障诊断与排除

序号	作业项目	操作要点	备注
1			
2			
3			
4			
5			
6			
7			
8			
9			
10			
11			
12			

引导问题 2：请写出故障诊断与排除过程中使用的检测设备、工具、材料清单。

检测设备、工具、材料清单

序号	名称	数量	型号/特征参数/组成	符合要求
1				
2				
3				
4				
5				
6				
7				
8				
9				
10				
11				
12				
13				
14				
15				

引导问题 3：请勾选实操过程中需要注意的事项，如有增加，可在表格空白处填写。

注意事项

序号	注意事项	选择
1	实训开始前应摘掉饰品，换上实训服，长头发应挽起固定于脑后	□是　□否
2	实训前检查仪表工具状态良好，使用后应立即清理	□是　□否
3	仪表使用后应随时打到 OFF 位，防止仪表受损	□是　□否
4	操作汽车举升机时应严格按照举升机操作规范进行作业	□是　□否
5	车辆底部实训操作时，应佩戴安全帽	□是　□否
6	整车实训时确保钥匙开关处于 LOCK，操作另有要求除外	□是　□否
7	车辆操作时，应施加驻车制动，除非有特定操作要求，置于其他挡位	□是　□否
8		
9		
10		
11		
12		

引导问题 4：计划完成后，由教师进行审核，确定是否可以实施。

计划审核

计划审核	审核意见：
	年　月　日　　签字

五、工作实施

引导问题 1：请完成纯电动汽车维修作业前高压作业个人安全防护并填写高压作业个人安全防护用具检查记录表。

高压作业安全防护

高压作业个人安全防护用具检查记录表

（1）检查绝缘手套的气密性			
	绝缘防护电压		
	漏电电流		
	气密性检查方法		
	检查结果	□良好	□漏气
（2）检查绝缘鞋、护目镜和安全帽外观是否完好			
绝缘鞋外观检查	护目镜外观检查		安全帽外观检查
□良好　□破损	□良好　□破损		□良好　□破损
（3）穿戴高压个人防护用具			
1）穿上维修工服和绝缘鞋			

续表

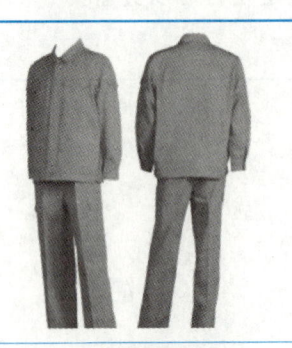	维修工服穿戴注意事项：
	穿维修工服的作用：
	绝缘鞋穿戴注意事项：
	穿绝缘鞋的作用：

2）佩戴护目镜

	佩戴护目镜的注意事项：
	佩戴护目镜的作用：

3）佩戴安全帽

	安全帽的佩戴规范：
	佩戴安全帽的作用：

4）戴好绝缘手套

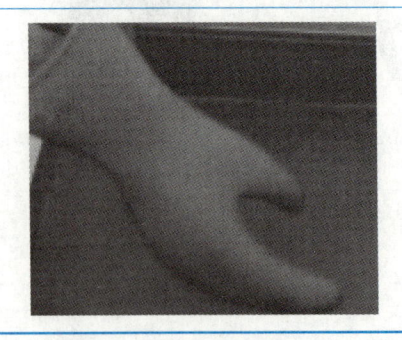	绝缘手套的使用要求：
	穿戴绝缘手套的作用：

引导问题 2：请完成纯电动汽车维修作业前车辆安全防护并填写维修工位与车辆防护记录表。

维修工位与车辆防护记录表

（1）车辆检查及防护			
1）检查车辆停放位置是否合适			
	车辆距双柱距离是否均匀	左右：□是　□否 前后：□是　□否	
	支点数量		
	是否对齐	□是　　□否	
2）安装车内三件套			
	三件套名称		
	安装顺序		
	铺设三件套的原因		
3）检查驻车制动器及挡位位置			
	驻车制动器状态	□落下　　□提起	
	挡位位置	□R挡　□N挡　□D挡　□E挡	
	注意事项		
4）安放车轮挡块			
	挡块数量	□1　□2　□3　□4	
	车轮挡块安放位置		
	安放挡块原因		
5）在维修工位周围布置警戒带			

续表

	操作对象	
	与车辆距离参考值	前：　　　　　后： 左：　　　　　右：
	布置警戒带的原因	

6）放置危险警示牌

	警示牌放置位置	□前机舱盖　　□车顶　　□地面
	放置警示牌的作用	
	说明：	

7）铺设翼子板防护垫

	翼子板防护垫数量	□1　□2　□3　□4
	铺设翼子板防护垫的原因：	

（2）维修工具检查

	需要检查的绝缘维修工具	
	绝缘防护电压	
	外观	□良好　　□破损

（3）绝缘垫检查

	外观检查	□砂眼　　□老化　　□厚度　　□破裂 □其他
	绝缘电阻测试	
	说明	

· 48 ·

续表

(4）灭火器器材检查		
	灭火器有效期检查	□是　　□否
	灭火器部件检查	压力指示检查：　□是　□否 喷射软管的检查：□是　□否 保险机构的检查：□是　□否 标识的检查：　　□是　□否 外观检查：　　　□是　□否

引导问题 3：纯电动汽车检修前进行车辆基本检查并填写下表。

故障现象

基本检查

辅助蓄电池电压	电压值：_____V　□正常　□异常
高压部件安装	□正常　　□异常
连接器连接情况	□正常　　□异常

引导问题 4：请完成纯电动汽车故障现象确认并填写故障现象确认表。

故障现象确认表

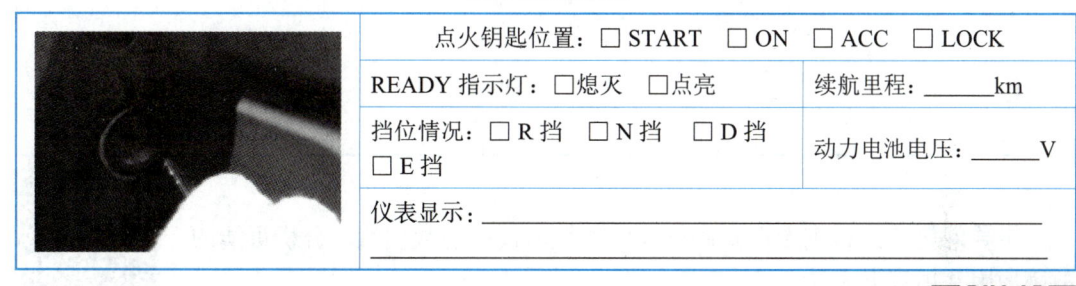

点火钥匙位置：□START　□ON　□ACC　□LOCK	
READY 指示灯：□熄灭　□点亮	续航里程：_____km
挡位情况：□R 挡　□N 挡　□D 挡 □E 挡	动力电池电压：_____V
仪表显示：_____ _____	

引导问题 5：请使用专用解码仪读取纯电动汽车动力电池状态异常故障产生的故障代码并填写下表。

数据读取

故障代码

故障代码	□有	□无
序号	故障代码	含义
1		
2		
3		
4		

引导问题 6：请使用专用解码仪读取纯电动汽车动力电池状态异常故障产生异常的数据流并填写下表。

数据流

序号	数据流名称	标准值	实测值	判定
1				
2				
3				
4				
5				
6				
7				
8				
9				
10				
11				
12				
13				
14				
15				
16				
17				

引导问题 7：根据专用解码仪读取的故障代码与数据流，分析可能的故障原因并填写下表。

故障原因分析

故障原因

器件故障	
信号故障	
模块故障	
总线故障	
线束故障	
其他故障	

故障类型：熔断器、CAN（控制器局域网络）总线、供电电源、搭铁、继电器、线束、控制信号、BMS（电池管理系统）、VCU、单体电池。

引导问题 8：根据已分析故障可能产生的原因，写出故障排除的相关内容。

故障排除

序号	测量条件	测量部件	测量部位	标准值	实测值	判定
1						
2						
3						
4						
5						
6						
7						
8						
9						
10						
11						
12						
13						
14						
15						
16						

小提示：参考如下填写方式。

参考填写方式

序号	测量条件	测量部件	测量部位	标准值	实测值	判定
1	ON 挡	动力电池	高压输出端正极	20 MΩ	0 Ω	正常/异常

引导问题 9：根据确定故障部位，分析故障导致现象的机理。

_____

_____

_____

_____

引导问题 10：根据确定故障部位，确定故障诊断结论并完成下表。

诊断结论

诊断结论	器件故障	□熔断器	□元器件	□继电器	其他
	器件编号				
	线路故障	□断路	□虚接	□对正极短路	其他
	线路区间				
	线路故障	□对负极短路	□线路混搭		其他
	线路区间				
	部件故障				

引导问题 11：请在纯电动汽车绝缘故障排除后验证车辆。

（1）打开点火开关，读取车辆仪表信息，并完成下表。

现象验证

防护工具	
测试设备	
警示牌名称	
仪表提示	

（2）连接解码仪，查询故障代码并完成下表。

故障代码验证

故障代码	□有	□无
序号	故障代码	含义
1		
2		
3		
4		
5		

（3）读取数据流并完成下表。

数据流验证

序号	数据流名称	标准值	实测值	判定
1				
2				
3				
4				
5				

引导问题 12：纯电动汽车故障诊断与排除后，写出需要维修人员完成的工作内容。

_____

_____

_____

_____

注：以上实操内容根据工位实际情况填写，若无，则不填。

六、评价反馈

根据学生活动过程中的表现进行小组自评、小组互评和教师评价。

活动过程小组自评表

班级		组名		日期	
评价指标	评价要求			分数	分数评定
信息资讯	能够利用网络资源、车辆维修手册、学习信息页查找有效信息			10	
	能够用自己的语言清晰、有条理地回答课堂问题				
	能够有效地将搜索的知识转换到课堂学习中				
职业素养	能够熟悉自己的任务分工，认同自己的劳动价值			10	
	能够在实训过程中清晰认识到纯电动汽车维修安全要求				
	能够有效提高个人的高压危险作业防护意识				
思政素养	能够通过思政讨论、思政点背景查询，清晰理解"尊重他人、妥善沟通"深入内涵			10	
课堂参与	与教师之间能够保持尊重、理解、平等的交流			10	
	与同学之间能够保持多向、丰富、适当的信息交流				
	能够自主学习，不流于形式，独立思考问题，做到有效学习			10	
	能够针对课堂问题提出建设性意见或看法				
	能够按照实操要求规范操作				
	实训小组内部能够协同操作				
学习能力	能够独立或小组协作使用课程资源自主学习			10	
	能够独立或小组协作计划决策，体现思维逻辑性、有效性				
	能够获得进一步发展的能力				

续表

评价指标	评价要求	分数	分数评定
技能实操	遵守实训室管理规定、个人实训着装规定	15	
	遵守实训过程操作规范要求		
	遵守实训设备使用操作规范，不违规操作设备		
	能够保证课堂出勤，做到不迟到不早退		
	能够积极参与课堂活动，积极完成任务工单		
	能够多角度思考问题，主动发现、提出有价值的问题		
思维状态	能够发现问题、提出问题、分析问题、解决问题、创新问题	10	
评价反馈	能够按时按质完成工作任务	15	
	能够掌握碎片化专业知识点		
	具有较强的信息分析能力和理解能力；具有较为全面、严谨的思维能力，并能清晰表达		
自评分数			
有益的经验和做法			
总结反思建议			

活动过程小组互评表

班级		组名		日期	
评价指标	评价要求			分数	分数评定
信息资讯	该组能够利用网络资源、车辆维修手册、学习信息页查找有效信息			10	
	该组能够用自己的语言清晰、有条理地回答课堂问题				
	该组能够有效地将搜索的知识转换到课堂学习中				
职业素养	该组能够熟悉自己的任务分工，认同自己的劳动价值			10	
	该组能够在实训过程中清晰认识到纯电动汽车维修安全要求				
	该组能够有效提高个人的高压危险作业防护意识				

续表

评价指标	评价要求	分数	分数评定
思政素养	该组能够通过思政讨论、思政点背景查询，清晰理解"尊重他人、妥善沟通"深入内涵	10	
课堂参与	该组与教师之间能够保持尊重、理解、平等的交流	10	
	该组同学之间能够保持多向、丰富、适当的信息交流		
	该组能够自主学习，不流于形式，独立思考问题，做到有效学习	10	
	该组能够针对课堂问题提出建设性意见或看法		
	该组能够按照实操要求规范操作		
	实训小组内部能够协同操作		
学习能力	该组能够独立或小组之间协作使用课程资源自主学习	10	
	该组能够独立或小组之间协作计划决策，体现思维逻辑性、有效性		
	该组能够获得进一步发展的能力		
技能实操	该组遵守实训室管理规定、个人实训着装规定	15	
	该组遵守实训过程操作规范要求		
	该组遵守实训设备使用操作规范，不违规操作设备		
	该组能够保证课堂出勤，做到不迟到不早退		
	该组能够积极参与课堂活动，积极完成任务工单		
	该组能够多角度思考问题，主动发现、提出有价值的问题		
思维状态	该组能够发现问题、提出问题、分析问题、解决问题、创新问题	10	
评价反馈	该组能够按时按质完成工作任务	15	
	该组能够掌握碎片化专业知识点		
	该组具有较强的信息分析能力和理解能力；具有较为全面、严谨的思维能力，并能清晰表达		
互评分数			
简要评述			

教师评价表

班级			组名		日期	
出勤						
			评价要求		分数	分数评定
一	任务描述、接受任务	口述任务内容细节	表述仪态自然、吐字清晰		2	表述仪态不自然或吐字模糊扣1分
			表达思路清晰、层次分明、准确			表达思路模糊或层次不清扣1分
二	任务分析、任务分工	分析操作流程，分组分工	操作流程关键点分析准确		3	操作流程关键点分析不准确扣1分
			知识回顾完整，分组分工明确			知识回顾不完整扣1分，分组分工不明确扣1分
三	计划决策	操作流程	合理、可执行、完整		5	1处不合理扣1分，扣完为止；不能执行、不完整，扣5分
		设备、工具、材料	设备、工具、材料准备齐全		3	设备、工具、材料缺1个，扣1分，扣完为止
四	课程思政	思政背景	背景基础扎实、发展历程清晰、感悟能够内化，指导实践		10	表述仪态不自然或吐字模糊扣1分，观点不清晰扣1分，扣完为止
		思政感悟				
五	工作实施	高压作业个人安全防护用具检查、使用	设备、工具、材料准备		3	每漏1项扣1分，扣完为止
			资料准备		2	实操期间缺失扣1分
			正确检查、佩戴防护用具		5	每错1项扣1分，扣完为止
		维修工位与车辆防护	设备、工具、材料准备		2	每漏1项扣1分，扣完为止
			正确进行工位与车辆防护检查与布置		10	每错1项扣1分，扣完为止
		车辆高压下电	高压下电流程安全、合理		10	1处不合理扣1分，扣完为止
		绝缘电阻测量	规范检查高压部件及线束绝缘电阻		25	每次不规范操作扣1分；绝缘电阻检查错误分数扣完
		现场恢复	保证6S、三步落地		3	每漏1项扣1分，扣完为止
			设备、工具、材料、车辆恢复整理		2	每违反1项扣1分，扣完为止

续表

		评价要求	分数	分数评定
六	总结	任务总结	依据自评表分数	2	
			依据互评表分数	3	
			依据个人总结评价	10	依据内容酌情给分
合计				100	

七、相关知识点

1. 高压系统的结构组成

纯电动汽车高压部件包括动力电池、PDU（车载充电机、DC/DC 变换器、高压控制盒）、电机控制器、驱动电机、快充口、慢充口及高压辅件［调压缩机、PTC（加热器）］。连接高压部件的线束为高压线束，如图 3.1 所示。

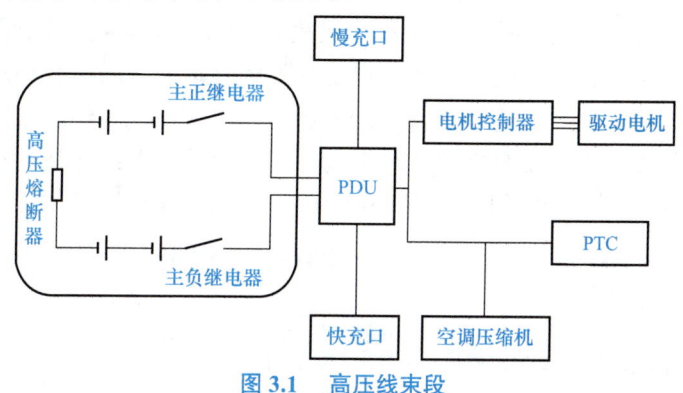

图 3.1　高压线束段

（1）动力电池高压线束：连接动力电池与 PDU，为高压主供电线束，接高压控制盒的插头。

（2）电机控制器高压线束：连接 PDU 与电机控制器，为主用电线束。

（3）驱动电机高压线束：连接电机控制器与驱动电机，为 U、V、W 三相线束，黄色为 U 相，绿色为 V 相，红色为 W 相。

（4）快充线束：连接快充口与 PDU。

（5）高压辅件线束：连接 PDU 与空调压缩机、PTC（加热器），为高压辅件供电。

（6）慢充线束：连接慢充口与 PDU（车载充电机）。

其中，PDU（高压控制盒）内有高压熔断器和继电器，完成对动力电池高压电的分配以及对支路高压用电设备保护；PTC 控制板完成对 PTC 加热模式及温度的控制。

2. 高压系统绝缘要求

纯电动汽车由动力电池提供能量给电机，进而驱动车辆行驶。动力电池的输出电压大部分为 DC 72～DC 600V，甚至更高。根据《特低电压（ELV）限值》（GB/T 3805—2008）的要求，人体的安全电压一般是指不致使人直接致死或致残的电压，一般环境条件下允许持续接触的"安全特低电压"是 DC 36V。电动汽车动力电池输出的直流电压已远远超过了该安全电压。因此,《电动汽车安全要求》(GB 18384—2020)对人员的触电防护提出了明确的要求。在实际电动汽车中,高压部件是一种并联结构,整个系统的绝缘电阻是所有高压部件绝缘电阻的并联值。依据《电动汽车安全要求》(GB 18384—2020)第 5.1.4.1 条规定:在最大工作电压下,直流电路绝缘电阻应不小于 100 Ω/V,交流电路应不小于 500 Ω/V。

3. 故障原因分析

对于电动汽车高压系统来说,高压系统中所有零部件(如车载充电机、驱动电机、电机控制器、高压控制盒、DC/DC 变换器等)均与高压动力电池是并联关系,故整个系统的绝缘电阻是所有高压部件绝缘电阻的并联值。所以,当这些零部件(包括高压动力电池)中任何一个零部件发生绝缘故障时,均可以通过测量高压动力电池的正、负极的对地绝缘电阻检测出。

纯电动汽车绝缘状态一般由电池管理系统(BMS)来检测,当检测到的绝缘电阻值低于系统设定的最低绝缘电阻值时,BMS 将生成故障代码,并与整车控制器通信,由组合仪表或中控显示屏来进行声音报警、文字提示和故障灯报警,同时封锁动力电池高压输出,使高压断电。当车辆出现绝缘报警时,表示此时车辆出现了绝缘故障,必须马上进行故障排查,以免出现人身安全事故。纯电动汽车绝缘检测系统无法对绝缘故障点进行定位,因此需要人工进行逐步的排查。车辆绝缘故障可能的原因如图 3.2 所示。

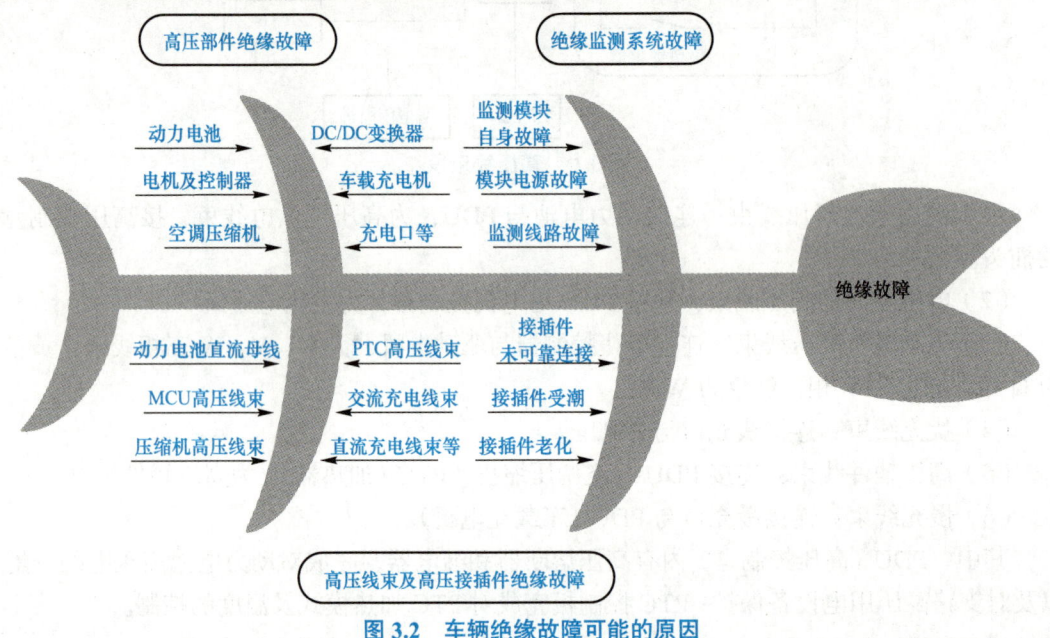

图 3.2 车辆绝缘故障可能的原因

4. 故障诊断流程

绝缘故障诊断流程如图 3.3 所示,应严格按照此流程进行故障诊断,对绝缘故障点进行定位。

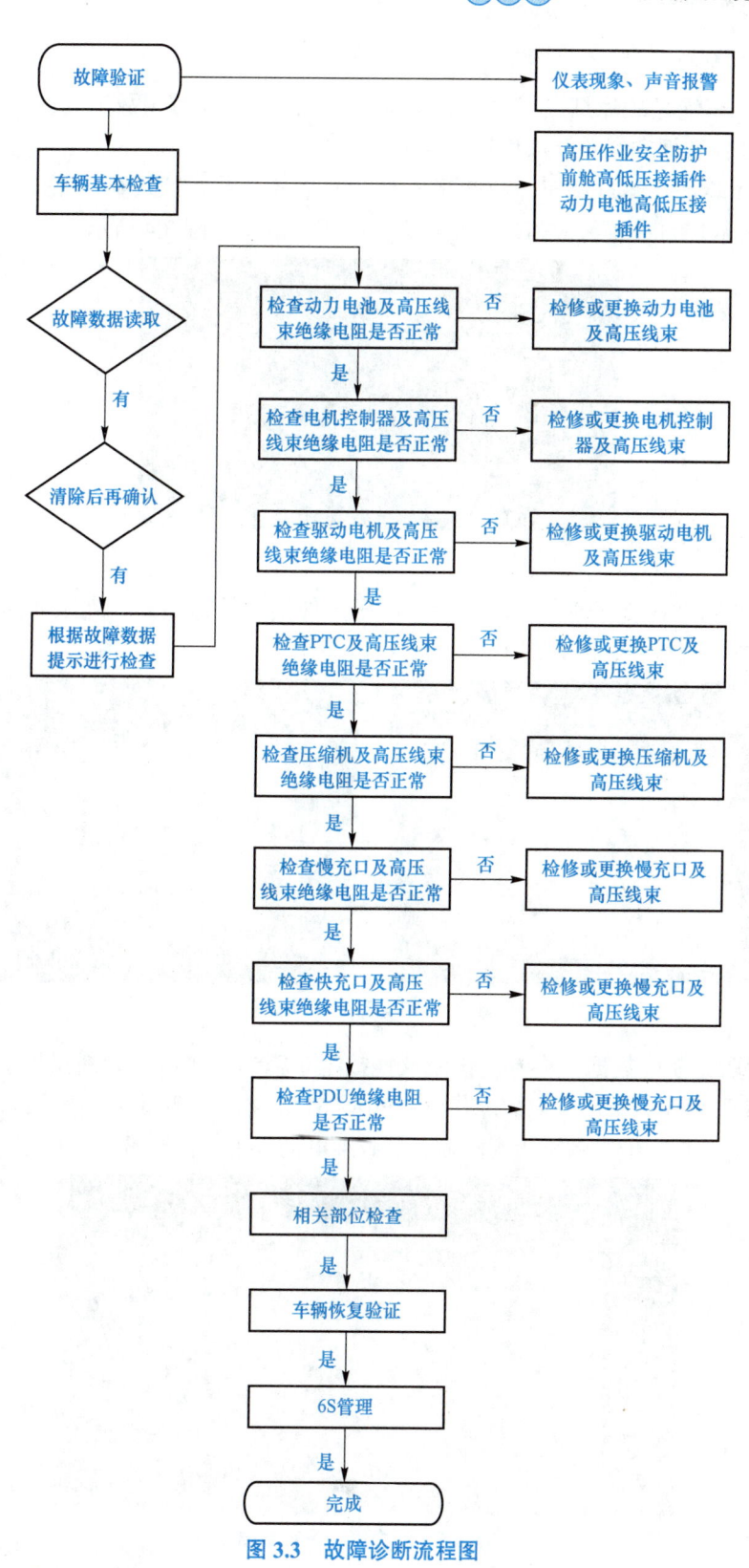

任务三　绝缘故障灯点亮故障诊断与排除

```
故障验证 ──────────────→ 仪表现象、声音报警
   ↓
车辆基本检查 ──────────→ 高压作业安全防护
   ↓                    前舱高低压接插件
                        动力电池高低压接
                        插件
故障数据读取
   ↓
  〈有〉
   ↓
清除后再确认
   ↓
  〈有〉
   ↓
根据故障数据  ──→ 检查动力电池及高压线  ─否→ 检修或更换动力电池
提示进行检查      束绝缘电阻是否正常        及高压线束
                      ↓是
                  检查电机控制器及高压    ─否→ 检修或更换电机控制
                  线束绝缘电阻是否正常        器及高压线束
                      ↓是
                  检查驱动电机及高压      ─否→ 检修或更换驱动电机
                  线束绝缘电阻是否正常        及高压线束
                      ↓是
                  检查PTC及高压线束      ─否→ 检修或更换PTC及
                  绝缘电阻是否正常            高压线束
                      ↓是
                  检查压缩机及高压线束    ─否→ 检修或更换压缩机及
                  绝缘电阻是否正常            高压线束
                      ↓是
                  检查慢充口及高压       ─否→ 检修或更换慢充口及
                  线束绝缘电阻是否正常        高压线束
                      ↓是
                  检查快充口及高压       ─否→ 检修或更换慢充口及
                  线束绝缘电阻是否正常        高压线束
                      ↓是
                  检查PDU绝缘电阻       ─否→ 检修或更换慢充口及
                  是否正常                   高压线束
                      ↓是
                  相关部位检查
                      ↓是
                  车辆恢复验证
                      ↓是
                  6S管理
                      ↓是
                  （完成）
```

图 3.3　故障诊断流程图

5. 故障诊断与修复

纯电动汽车绝缘故障灯点亮故障的诊断、检测与修复过程由故障验证、车辆基本检查、读取诊断仪数据和线路及部件检修等步骤组成。

（1）故障验证。经过试车，故障现象与客户描述一致，仪表显示系统故障指示灯、动力电池断开故障灯、绝缘故障灯，车辆无法高压上电，如图3.4所示。

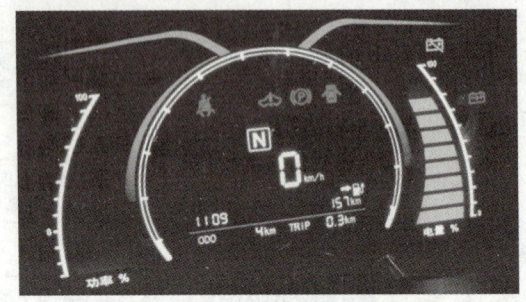

图3.4 仪表故障显示

（2）车辆基本检查。举升车辆，检查高压部件接插件连接处、高压部件盖板，经检查以上各处未出现松脱、断裂现象（图3.5）。

图3.5 前舱高压部件检查

（3）读取诊断仪数据。将专用诊断仪连接至车辆诊断接口，诊断仪显示"动力电池系统（BMS）"模块，单击读取故障代码：P0AA61A 绝缘电阻低（一级），如图3.6所示，经初步检查并分析，绝缘系统出现故障，导致纯电动汽车工作异常。

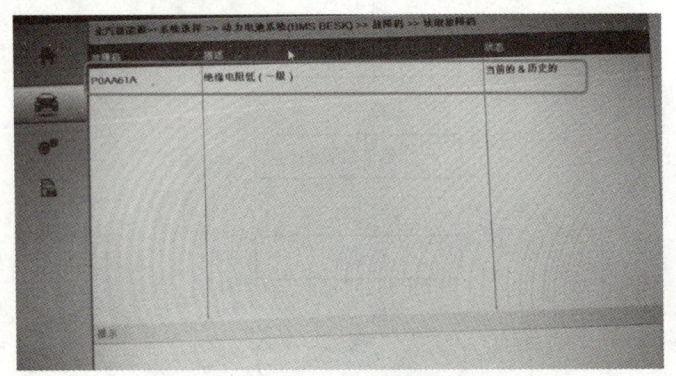

图3.6 动力电池系统数据

（4）高压部件绝缘排查。

1）断开蓄电池负极，等待 5 min，等待车辆高压下电（图 3.7）。

图 3.7　断开蓄电池负极

2）断开高压系统所有高压接插件（图 3.8）。

图 3.8　断开前舱高压接插件

3）取绝缘电阻测试仪，校准后，测量直流充电口及高压线束绝缘电阻，阻值大于 550 MΩ，正常（图 3.9）。

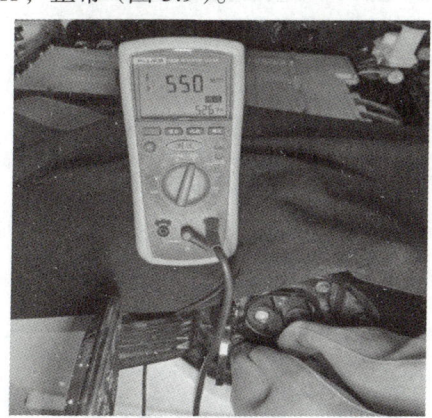

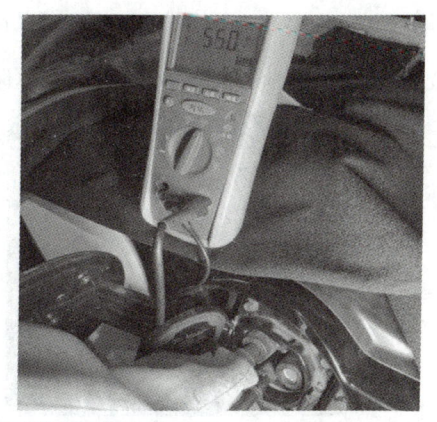

图 3.9　直流充电口及高压线束绝缘电阻检测

4）测量交流充电口其高压线束绝缘电阻，阻值大于 550 MΩ，正常（图 3.10）。

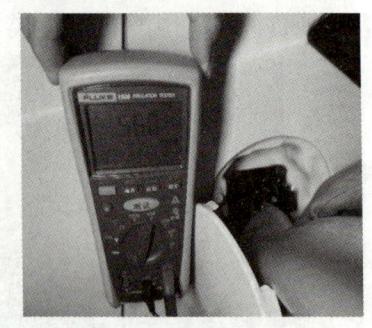

图 3.10　交流充电口及高压线束绝缘电阻检测

5）测量 PTC 及其高压线束绝缘电阻，阻值大于 550 MΩ，正常（图 3.11）。

图 3.11　PTC 及高压线束绝缘电阻检测

6）测量压缩机及其高压线束绝缘电阻，阻值大于 550 MΩ，正常（图 3.12）。

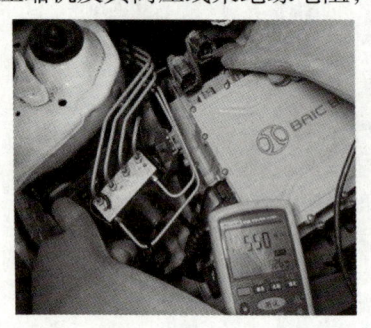

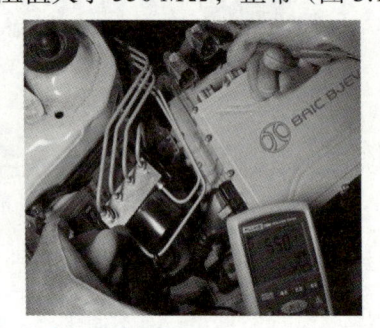

图 3.12　压缩机及高压线束绝缘电阻检测

7）测量动力电池及其高压线束绝缘电阻，阻值大于 550 MΩ，正常（图 3.13）。

图 3.13　动力电池及高压线束绝缘电阻检测

8）测量电机控制器（MCU）及其高压线束绝缘电阻，阻值大于 550 MΩ，正常（图 3.14）。

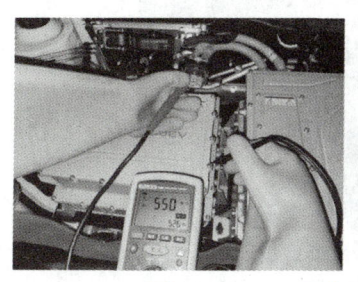

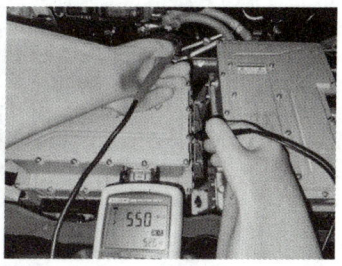

图 3.14　MCU 及高压线束绝缘电阻检测

9）测量电机控制器的三相高压端子与外壳绝缘电阻，阻值大于 550 MΩ，正常（图 3.15）。

图 3.15　UVW 三相高压端子与外壳绝缘电阻检测

10）测量驱动电机及其三相高压线束绝缘电阻，阻值大于 550 MΩ，正常（图 3.16）。

图 3.16　驱动电机及三相高压线束绝缘检测

11）测量 PDU 的高压接插件与外壳的绝缘电阻，发现 PEU 的动力电池直流母线高压正极与外壳绝缘电阻为 0 Ω，异常（图 3.17）。

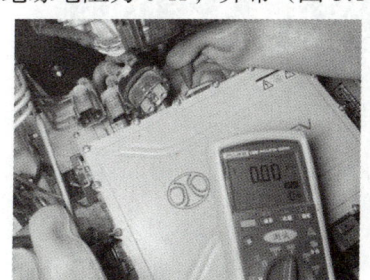

图 3.17　PDU 内动力电池 + 绝缘电阻检测

（5）恢复。更换 PEU 后，车辆上电，READY 灯点亮，车辆恢复正常（图 3.18）。

图 3.18 仪表现象

（6）6S 管理。

6. 故障案例分析

纯电动汽车高压系统绝缘状态是由电池管理系统（BMS）进行检测的，当 PDU 内部高压部件对车身漏电时，检测到绝缘电阻过低，判定高压系统存在绝缘故障，BMS 存储故障代码并断开动力电池正极接触器，同时，通过 CAN 总线将绝缘故障信息上报给整车控制器 VCU，VCU 收到信息后断开动力电池负极接触器，同时，将绝缘故障信息发送给仪表显示。

7. 总结

（1）动力系统的测量阶段最小瞬间绝缘电阻为 0.5 kΩ/V。

（2）导致车辆绝缘故障的原因主要是高压系统故障和 BMS 绝缘检测系统故障。

（3）电动车绝缘检测系统无法对绝缘故障点进行定位，需要进行逐步的人工排查，可根据绝缘故障诊断流程确定故障点，完成故障诊断、检测与修复。

（4）在进行高压系统的绝缘检测前，为了确保安全，一定要按照相应的高压安全操作规程进行作业，操作人员按规定穿戴好防护用品，检查工具的绝缘性。

八、拓展学习

扫描二维码阅读相关内容。

北汽 EV160 高压线束绝缘失效故障诊断与排除

动力电池绝缘电阻的检测

高压漏电安全保护

任务四

高压互锁故障诊断与排除

项目编号			成　绩	
姓　名			班　级	
日　期			教师签名	
教学目标	知识目标	1. 掌握纯电动汽车高压互锁系统结构组成与工作原理； 2. 制订纯电动汽车高压互锁故障现象诊断流程图	岗	对接纯电动汽车机电维修岗位典型工作任务"高压互锁故障排除"
	能力目标	1. 能够根据故障诊断流程进行纯电动汽车高压互锁故障的诊断； 2. 能够自主制订工作计划，严格按照企业实践操作规范，开展纯电动汽车高压互锁故障诊断与排除	证	对接职业技能等级证书："新能源汽车动力驱动电机电池技术（高级）"模块技能要求"能诊断车辆不能上电的故障"
	素质目标	1. 树立高压作业安全防护意识； 2. 树立岗位工作中担当意识	赛	前期准备，安全检查，仪器连接，故障现象确认，目视检查，读取故障代码与数据流，高压断电，非带电状态检测验证，高压互锁系统的元器件测量与机械拆装，故障点确认和排除

一、情境描述

客户陈先生对纯电动汽车打开点火开关上电时,仪表显示整车系统故障灯、动力电池高压故障灯,车辆 READY 灯不亮,车辆不能行驶,随即陈先生将车辆送至新能源汽车服务站,维修技师刘师傅负责对车辆进行故障诊断与维修。

二、任务分组

(1)全班分成若干组,每组固定人数,由教师指定工位并布置任务;
(2)每组从接到任务书起,由组长安排组内分工,完成工作任务;
(3)实训时需经组长报告教师并经教师同意后方可开始;
(4)实训过程中教师考核学生知识应用能力及安全文明、团队合作等职业素养。

学生任务分配表

班级		组号		指导教师	
组长		学号			
组员	姓名		学号		任务分工

三、获取资讯

引导问题 1: 详述纯电动汽车高压互锁系统的作用。

系统结构与原理

_____

_____

_____

_____

引导问题 2：绘制纯电动汽车高压互锁系统电气连接图。

高压互锁系统电气连接图

引导问题 3：详述纯电动汽车高压互锁系统的工作原理。

_____

_____

_____

_____

引导问题 4：绘制纯电动汽车高压互锁信号波形。

测量波形

波形名称	标准波形（注意单位）	实测波形（注意单位）

引导问题 5：导致高压互锁系统工作异常的主要原因。

_____

_____

_____

_____

引导问题 6：对故障现象进行分析，画出高压互锁故障原因树状图。

故障原因树状图

四、计划决策

引导问题 1：请写出纯电动汽车高压互锁故障诊断与排除步骤的作业项目和操作要点。

故障诊断与排除

序号	作业项目	操作要点	备注
1			
2			
3			
4			
5			
6			
7			
8			
9			
10			
11			
12			

任务四 >>> 高压互锁故障诊断与排除

引导问题 2：请写出故障诊断与排除过程中使用的检测设备、工具、材料清单。

检测设备、工具、材料清单

序号	名称	数量	型号 / 特征参数 / 组成	符合要求
1				
2				
3				
4				
5				
6				
7				
8				
9				
10				
11				
12				
13				
14				
15				
16				
17				
18				

引导问题 3：请勾选实操过程中需要注意的事项，如有增加，可在表格空白处填写。

注意事项

序号	注意事项	选择
1	实训开始前应摘掉饰品，换上实训服，长头发应挽起固定于脑后	□是 □否
2	实训前检查仪表工具状态良好，使用后应立即清理	□是 □否
3	仪表使用后应随时打到 OFF 位，防止仪表受损	□是 □否
4	操作汽车举升机时，应严格按照举升机操作规范进行作业	□是 □否
5	车辆底部实训操作时，应佩戴安全帽	□是 □否
6	整车实训时确保钥匙开关处于 LOCK，操作另有要求除外	□是 □否
7	车辆操作时，应施加驻车制动，除非有特定操作要求，置于其他挡位	□是 □否
8		
9		
10		
11		
12		

引导问题 4：计划完成后，由教师进行审核，确定是否可以实施。

计划审核

计划审核	审核意见：
	年　月　日　签字

五、工作实施

引导问题 1：请完成纯电动汽车维修作业前高压作业个人安全防护并填写高压作业个人安全防护用具检查记录表。

高压作业安全防护

高压作业个人安全防护用具检查记录表

（1）检查绝缘手套的气密性			
	绝缘防护电压		
	漏电电流		
	气密性检查方法		
	检查结果	□良好	□漏气

（2）检查绝缘鞋、护目镜和安全帽外观是否完好

绝缘鞋外观检查	护目镜外观检查	安全帽外观检查
□良好　□破损	□良好　□破损	□良好　□破损

续表

（3）穿戴高压个人防护用具		
1）穿上维修工服和绝缘鞋		
		维修工服穿戴注意事项：
		穿维修工服的作用：
		绝缘鞋穿戴注意事项：
		穿绝缘鞋的作用：
2）佩戴护目镜		
		佩戴护目镜的注意事项：
		佩戴护目镜的作用：
3）佩戴安全帽		
		安全帽的佩戴规范：
		佩戴安全帽的作用：
4）戴好绝缘手套		
		绝缘手套的使用要求：
		穿戴绝缘手套的作用：

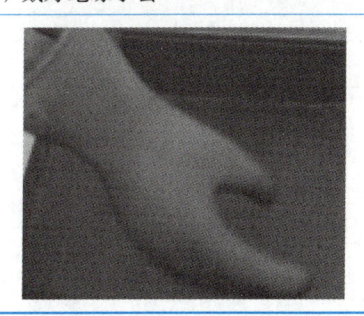

引导问题 2：请完成纯电动汽车维修作业前车辆安全防护并填写维修工位与车辆防护记录表。

维修工位与车辆防护记录表

（1）车辆检查及防护			
1）检查车辆停放位置是否合适			
	车辆距双柱距离是否均匀	左右：□是　□否 前后：□是　□否	
	支点数量		
	是否对齐	□是　　□否	
2）安装车内三件套			
	三件套名称		
	安装顺序		
	铺设三件套的原因		
3）检查驻车制动器及挡位位置			
	驻车制动器状态	□落下　　□提起	
	挡位位置	□R挡　　□N挡　　□D挡　　□E挡	
	注意事项		
4）安放车轮挡块			
	挡块数量	□1　　□2　　□3　　□4	
	车轮挡块安放位置		
	安放挡块原因		
5）在维修工位周围布置警戒带			
	操作对象		
	与车辆距离参考值	前：　　　　　　后： 左：　　　　　　右：	
	布置警戒带的原因		

续表

6）放置危险警示牌		
	警示牌放置位置	□前机舱盖　□车顶　□地面
	放置警示牌的作用	
	说明：	
7）铺设翼子板防护垫		
	翼子板防护垫数量	□1　□2　□3　□4
	铺设翼子板防护垫的原因：	
（2）维修工具检查		
	需要检查的绝缘维修工具	
	绝缘防护电压	
	外观	□良好　□破损
（3）绝缘垫检查		
	外观检查	□砂眼　□老化　□厚度　□破裂 □其他
	绝缘电阻测试	
	说明	
（4）灭火器器材检查		
	灭火器有效期检查	□是　□否
	灭火器部件检查	压力指示检查：　□是　□否 喷射软管的检查：□是　□否 保险机构的检查：□是　□否 标识的检查：　　□是　□否 外观检查：　　　□是　□否

引导问题3：请完成纯电动汽车检修前的基本检查并填写下表。

基本检查

辅助蓄电池电压	电压值：_____V	□正常	□异常
高压部件安装	□正常		□异常
连接器连接情况	□正常		□异常

引导问题4：请完成纯电动汽车故障现象确认并填写故障现象确认表。

故障现象确认表

点火钥匙位置：□START □ON □ACC □LOCK	
READY指示灯：□熄灭 □点亮	续航里程：_____km
挡位情况：□R挡 □N挡 □D挡 □E挡	动力电池电压：_____V
仪表显示：_____	

引导问题5：请使用专用解码仪读取纯电动汽车动力电池状态异常故障产生的故障代码并填写下表。

故障代码

故障代码	□有	□无
序号	故障代码	含义
1		
2		
3		
4		

引导问题6：请使用专用解码仪读取纯电动汽车动力电池状态异常故障产生的数据流并填写下表。

数据流

序号	数据流名称	标准值	实测值	判定
1				
2				
3				

续表

序号	数据流名称	标准值	实测值	判定
4				
5				
6				
7				
8				
9				

引导问题 7：根据专用解码仪读取的故障代码与数据流，分析可能的故障原因并填写下表。

故障原因

器件故障	
信号故障	
模块故障	
总线故障	
线束故障	
其他故障	
故障类型：熔断器、CAN 总线、供电电源、搭铁、继电器、线束、控制信号、BMS（电池管理系统）、VCU（整车控制器）、单体电池	

引导问题 8：根据已分析故障可能产生的原因，写出故障排除的相关内容。

故障排除

序号	测量条件	测量部件	测量部位	标准值	实测值	判定
1						
2						
3						
4						
5						
6						
7						
8						
9						

续表

序号	测量条件	测量部件	测量部位	标准值	实测值	判定
10						
11						

小提示：参考如下填写方式。

参考填写方式

序号	测量条件	测量部件	测量部位	标准值	实测值	判定
1	ON 挡	熔断器	上端对地电压	12 V	12 V	正常 / 异常

引导问题 9：根据确定故障部位，分析故障导致现象的机理。

故障总结

引导问题 10：根据确定故障部位，确定故障诊断结论并完成下表。

诊断结论

诊断结论	器件故障	□熔断器	□元器件	□继电器	其他
	器件编号				
	线路故障	□断路	□虚接	□对正极短路	其他
	线路区间				
	线路故障	□对负极短路	□线路混搭		其他
	线路区间				
	部件故障				

引导问题 11：请在纯电动汽车绝缘故障排除后，验证车辆。
（1）打开点火开关，读取车辆仪表信息，并完成下表。

现象验证

	防护工具	
	测试设备	
	警示牌名称	
	仪表提示	

（2）连接解码仪，查询故障代码并完成下表。

故障代码验证

故障代码	□有	□无
序号	故障代码	含义
1		
2		
3		
4		
5		

（3）读取数据流并完成下表。

数据流验证

序号	数据流名称	标准值	实测值	判定
1				
2				
3				
4				
5				

引导问题 12：纯电动汽车故障诊断与排除后，写出需要维修人员完成的工作内容。

_____

_____

_____

注：以上实操内容根据工位实际情况填写，若无，则不填。

六、评价反馈

根据学生活动过程中的表现进行小组自评、小组互评和教师评价。

活动过程小组自评表

班级		组名		日期	
评价指标	评价要求			分数	分数评定
信息资讯	能够利用网络资源、车辆维修手册、学习信息页查找有效信息			10	
	能够用自己的语言清晰、有条理地回答课堂问题				
	能够有效地将搜索的知识转换到课堂学习中				
职业素养	能够熟悉自己的任务分工,认同自己的劳动价值			10	
	能够在实训过程中清晰认识到纯电动汽车维修安全要求				
	能够有效提高个人的高压危险作业防护意识				
思政素养	能够通过思政讨论、思政点背景查询,清晰理解"立足岗位、责任担当"深入内涵			10	
课堂参与	与教师之间能够保持尊重、理解、平等的交流			10	
	与同学之间能够保持多向、丰富、适当的信息交流				
	能够自主学习,不流于形式,独立思考问题,做到有效学习			10	
	能够针对课堂问题提出建设性意见或看法				
	能够按照实操要求规范操作				
	实训小组内部能够协同操作				
学习能力	能够独立或小组协作使用课程资源自主学习			10	
	能够独立或小组协作计划决策,体现思维逻辑性、有效性				
	能够获得进一步发展的能力				
技能实操	遵守实训室管理规定、个人实训着装规定			15	
	遵守实训过程操作规范要求				
	遵守实训设备使用操作规范,不违规操作设备				
	能够保证课堂出勤,做到不迟到不早退				
	能够积极参与课堂活动,积极完成任务工单				
	能够多角度思考问题,主动发现、提出有价值的问题				
思维状态	能够发现问题、提出问题、分析问题、解决问题、创新问题			10	

续表

评价指标	评价要求	分数	分数评定
评价反馈	能够按时按质完成工作任务	15	
	能够掌握碎片化专业知识点		
	具有较强的信息分析能力和理解能力；具有较为全面严谨的思维能力，并能清晰表达		
自评分数			
有益的经验和做法			
总结反思建议			

活动过程小组互评表

班级		组名		日期	
评价指标	评价要求			分数	分数评定
信息资讯	该组能够利用网络资源、车辆维修手册、学习信息页查找有效信息			10	
	该组能够用自己的语言清晰、有条理地回答课堂问题				
	该组能够有效地将搜索的知识转换到课堂学习中				
职业素养	该组能够熟悉自己的任务分工，认同自己的劳动价值			10	
	该组能够在实训过程中清晰认识到纯电动汽车维修安全要求				
	该组能够有效提高高压危险作业防护意识				
思政素养	该组能够通过思政讨论、思政点背景查询，清晰理解"立足岗位、责任担当"深入内涵			10	
课堂参与	该组与教师之间能够保持尊重、理解、平等的交流			10	
	该组同学之间能够保持多向、丰富、适当的信息交流				
	该组能够自主学习，不流于形式，独立思考问题，做到有效学习			10	
	该组能够针对课堂问题提出建设性意见或看法				
	该组能够按照实操要求规范操作				
	实训小组内部能够协同操作				
学习能力	该组能够独立或小组之间协作使用课程资源自主学习			10	
	该组能够独立或小组之间协作计划决策，体现思维逻辑性、有效性				
	该组能够获得进一步发展的能力				

续表

评价指标	评价要求	分数	分数评定
技能实操	该组遵守实训室管理规定、个人实训着装规定	15	
	该组遵守实训过程操作规范要求		
	该组遵守实训设备使用操作规范，不违规操作设备		
	该组能够保证课堂出勤，做到不迟到不早退		
	该组能够积极参与课堂活动，积极完成任务工单		
	该组能够多角度思考问题，主动发现、提出有价值的问题		
思维状态	该组能够发现问题、提出问题、分析问题、解决问题、创新问题	10	
评价反馈	该组能够按时按质完成工作任务	15	
	该组能够掌握碎片化专业知识点		
	该组具有较强的信息分析能力和理解能力；具有较为全面、严谨的思维能力，并能清晰表达		
互评分数			
简要评述			

教师评价表

班级		组名		日期	
出勤					

		评价要求		分数	分数评定	
一	任务描述、接受任务	口述任务内容细节	表述仪态自然、吐字清晰	2	表述仪态不自然或吐字模糊扣1分	
			表达思路清晰、层次分明、准确		表达思路模糊或层次不准确扣1分	
二	任务分析、任务分工	分析操作流程，分组分工	操作流程关键点分析准确	3	操作流程关键点分析不准确扣1分	
			知识回顾完整，分组分工明确		知识回顾不完整扣1分，分组分工不明确扣一分	
三	计划决策	操作流程	合理、可执行、完整	5	1处不合理扣1分，扣完为止；不能执行、不完整，扣5分	
		设备、工具、材料	设备、工具、材料准备齐全	3	设备、工具、材料缺1个，扣1分，扣完为止	
四	课程思政	思政背景	背景基础扎实、发展历程清晰、感悟能够内化，指导实践	10	表述仪态不自然或吐字模糊扣1分，观点不清晰扣1分，扣完为止	
		思政感悟				

续表

出勤					
五	工作实施	高压作业个人安全防护用具检查、使用	设备、工具、材料准备	3	每漏1项扣1分，扣完为止
			资料准备	2	实操期间缺失1项扣1分，扣完为止
			正确检查、佩戴防护用具	5	每错1项扣1分，扣完为止
		维修工位与车辆防护	设备、工具、材料准备	2	每漏1项扣1分，扣完为止
			正确进行工位与车辆防护检查与布置	10	每错1项扣1分，扣完为止
		车辆高压下电	高压下电流程安全、合理	10	1处不合理扣1分，扣完为止
		故障排除	规范进行高压互锁低压回路测量	10	每次不规范操作扣1分；每读取错误数据1次扣1分
			规范进行高压互锁高压回路测量	15	每次不规范操作扣1分；每次读取错误扣1分
		现场恢复	保证6S、三步落地	3	每漏1项扣1分，扣完为止
			设备、工具、材料车辆恢复整理	2	每违反1项扣1分，扣完为止
六	总结	任务总结	依据自评表分数	2	
			依据互评表分数	3	
			依据个人总结评价	10	依据内容酌情给分
		合计		100	

七、相关知识点

1. 故障分析

（1）高压互锁的作用。高压互锁（High Voltage Inter-lock，HVIL）系统也叫作高压互锁回路（Hazardous Voltage Interlock Loop）系统，是混合动力和全电动汽车的一项安全功能，也是用低压信号监视高压回路完整性的一种安全设计方法。通过使用低压信号来检查电动汽车上所有与高压线束相连的各组件，检测各个高压系统回路的电气连接完整性（连续性）。其目的是确认整个高压系统的完整性，当高压系统回路断开或者完整性受到破坏时，就需要启动安全措施，从而可在车辆组装、维修、维护和操作期间保护人员。其主要作用如下：

1）HVIL用来检测高压回路松动（会导致高压断电，整车失去动力，影响乘车安全）

并在高压断电之前对整车控制器提供报警信息，预留整车系统采取应对措施的时间。

2）HVIL 的存在可以使在高压总线上电之前，就知道整个系统的完整性，即在电池系统主负继电器闭合给电之前就防患于未然，避免因为虚接等问题造成事故。

3）防止人为误操作引发的安全事故。在高压系统工作过程中，如果没有高压互锁设计存在，手动断开高压连接点，在断开的瞬间，整个回路电压加在断点两端，电压击穿空气在两个器件之间拉弧，时间虽短，但能量很高，可能对断点周围的人员和设备造成伤害。

综上所述，HVIL 通过使用电气信号来检测整个高压部件、导线、插接器及护盖的电气完整性（连续性），识别回路异常断开时及时断开高压电。HVIL 的存在是通过整个系统构成的，主要通过插接器的低压连接回路构成的。BMS 一般需要提供电路的检测网络。

（2）高压互锁电路的结构组成。针对北汽新能源电动汽车的结构特点做高压互锁电路的详细说明。该新能源电动汽车高压回路由 VCU、空调压缩机、车载充电机、高压控制盒、动力电池、快充口、DC/DC 变换器、PTC（加热器）组成，通过一根互锁电缆将这些高压部件的插接器串联，最后通过 PTC 加热插接器端搭铁。

（3）高压互锁工作原理。VCU 通过限流电阻输出一个 12 V 电源，通过高压部件的插接器构成的高压互锁回路至 PTC 加热插接器端搭铁。如果 VCU 检测点 A 的电压值为 0，则判断高压互锁回路连接正常，且回路的完整性没有被破坏；如果电压为 9 V，则判断高压互锁回路没有完整连接，且被破坏，即插接器断开或者电路开路，立即断开动力电池主正、主负继电器，停止动力电池上电。

VCU 内部通过限流电阻 R 输出一个恒压、恒流的 9 V 电源，通过高压互锁电路将所有高压元件以及高压线缆插接器串联起来，最后通过 PTC 插接器连接至搭铁。高压插接器及元件连接正常无断开现象，VCU 内部检测点 A 电压为 0；高压插接件及元器连接有任一断开现象时，VCU 内部检测点 A 电压为 12 V（图 4.1）。

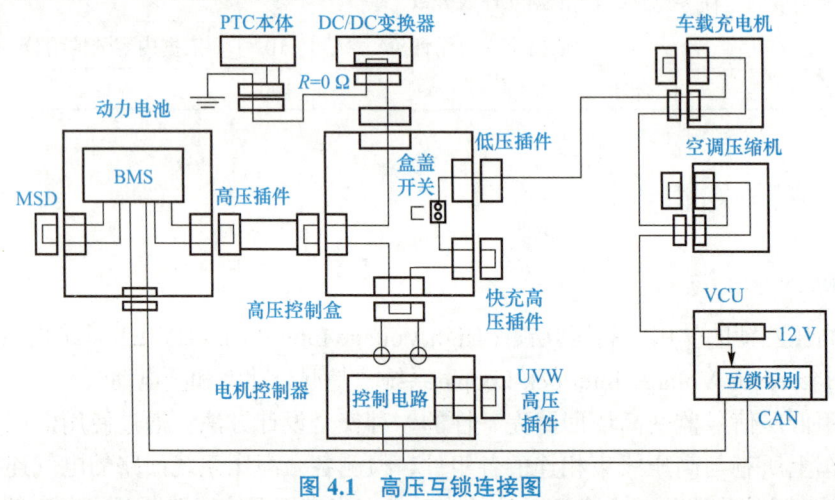

图 4.1 高压互锁连接图

（4）高压互锁电路工作过程。在点火开关打到 ON 挡上电的瞬间，VCU 和 BMS 启动，开始自检，VCU 检测点 A 电压如果为 0，VCU 判断 HVIL 状态正常，发送闭合继电器指令给 BMS，开始预充电过程，MCU 的电压开始逐渐上升，电压达到动力电池组额定总电压的 85% 时判定预充电成功，BMS 进入工作状态，主正继电器闭合，车辆上电成功。

VCU 在上电及止电成功后检测到点 A 电压为 12 V，立即发送 HVIL 状态异常信息至 BMS，同时产生并存储故障码，VCU 发送动力电池主正、负继电器断开信息，动力电池停止上电状态。

2. 故障诊断流程

高压互锁故障诊断可参照图 4.2 所示的诊断流程：在初步检查过程中，通过对仪表显示信息的检查，可以获得故障提示信息；车辆的基本检查，包括碰撞、裂痕、进水、控制单元或部件明显损坏、接插件松动或损坏、油液泄漏等。通过对车辆进行快速的初步检查，结合故障现象可以对故障原因做出初步判断。

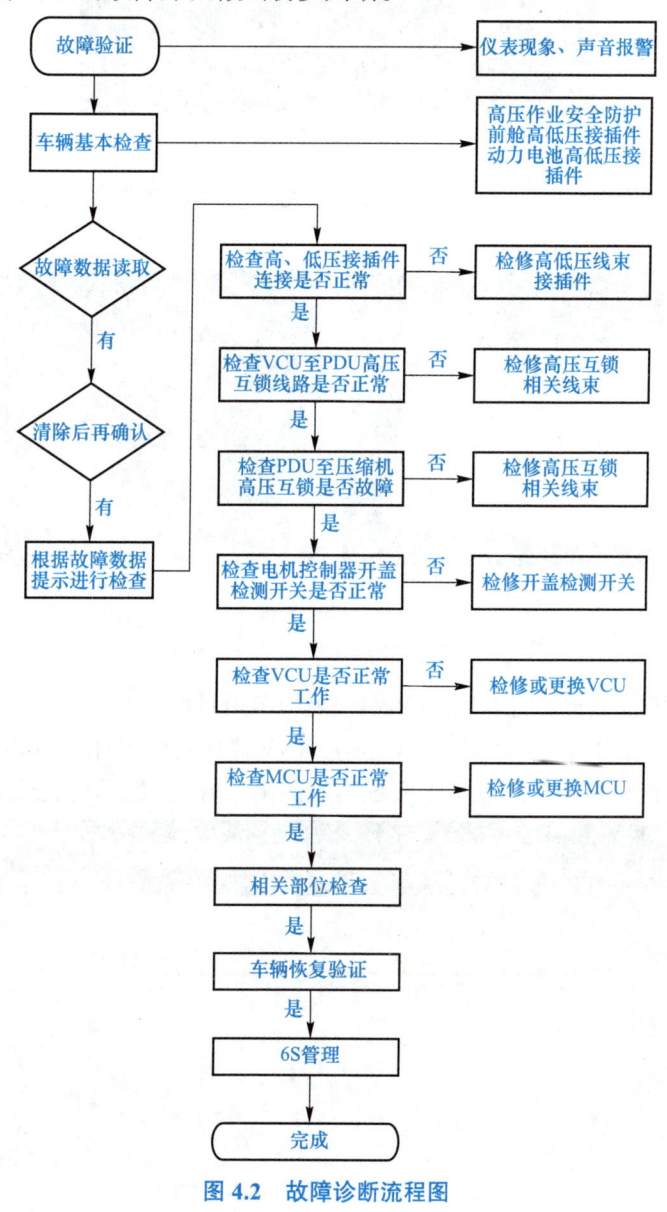

图 4.2 故障诊断流程图

3. 故障诊断与修复

纯电动汽车高压互锁故障的诊断、检测与修复过程由故障验证、车辆基本检查、读取诊断仪数据和高压互锁线路及部件检修等步骤组成。

（1）故障验证。经过试车，故障现象与客户描述一致，仪表显示整车系统故障灯、动力电池异常断开故障灯，车辆无法高压上电（图4.3）。

图4.3 高压互锁故障仪表提示

（2）车辆基本检查。检查前舱高压部件接插件、高压部件盖板，经检查以上各处未出现松脱、断裂现象（图4.4）。

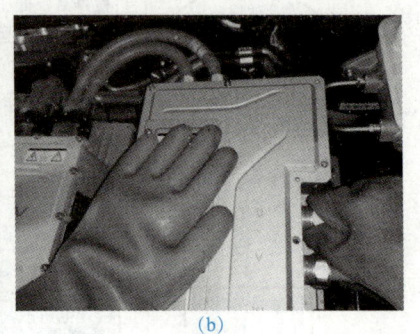

图4.4 接插件检查
(a) PDU高压部件检查；(b) MCU高压部件检查

（3）读取诊断仪数据。将专用诊断仪连接至车辆诊断接口，诊断仪显示"整车控制器（VCU）"模块，点击读取故障代码：P103464 INV高压自检超时、P0A0A94 高低压互锁故障，经初步检查并分析，高压互锁系统出现故障，导致仪表信息显示异常（图4.5）。

图4.5 整车控制器（VCU）数据

（4）高压互锁线路排查。

1）断开蓄电池负极，等待 5 min，等待车辆高压下电。

2）断开 VCU 左侧低压接插件，断开 PDU 低压接插件，测量 VCU 的 13 引脚、PDU 的 26 引脚之间电阻，电阻值为 0 Ω，正常（图 4.6）。

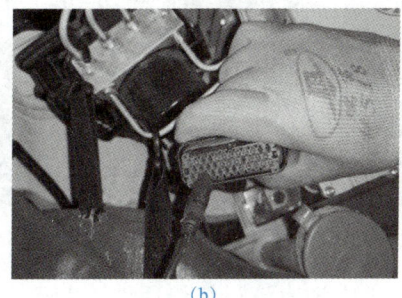

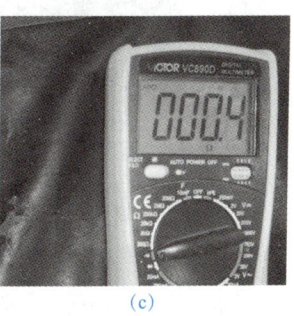

图 4.6　高压互锁线路检测 1
（a）VCU 13 引脚；（b）PDU 26 引脚；（c）测量结果

3）断开 EAS 压缩机低压控制接插件，测量 PDU 的 27 引脚与 EAS 的 5 引脚之间电阻，电阻值为 0 Ω，正常（图 4.7）。

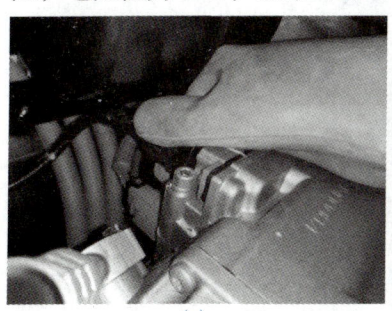

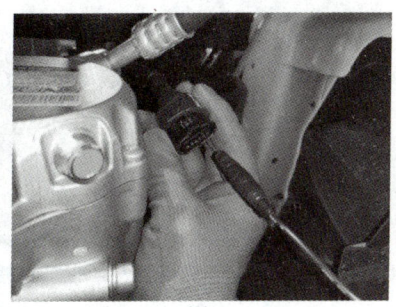

图 4.7　高压互锁线路检测 2
（a）EAS 压缩机接插件；（b）EAS 5 号引脚；（c）测量结果

4）拆卸 PDU，打开 PDU 端盖，检查 PDU 各高压接插件与 PDU 低压接插件连接情况，均正常，测量 PDU 各高压接插件与 PDU 的 26、27 引脚之间电阻。其电阻值为 25.4 Ω，正常，PDU 内部高压互锁信号正常（图 4.8）。

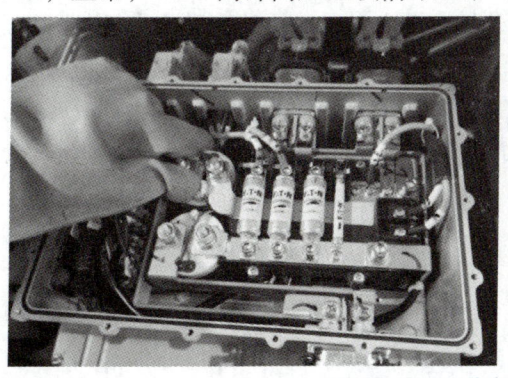

图 4.8　PDU 内部高压互锁检测

5)打开电机控制器端盖,测量开盖检测开关,正常(图 4.9)。

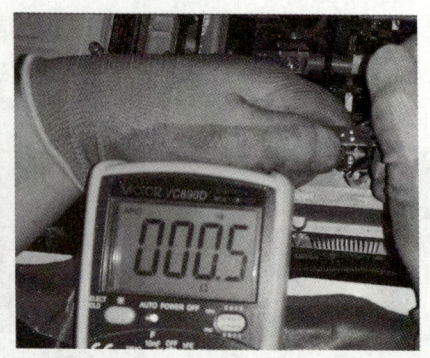

图 4.9　MCU 开盖检测

6)举升车辆,检查动力电池直流母线接插件,发现高压接插件未可靠连接,造成高压互锁回路断开(图 4.10)。

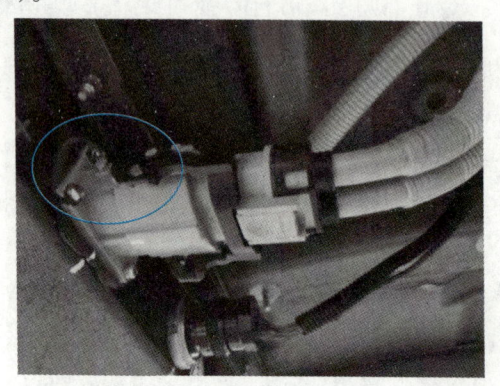

图 4.10　动力电池高压接插件检查

(5)恢复。恢复故障,车辆上电,READY 灯点亮,车辆恢复正常。

(6)6S 管理。

4. 故障案例分析

纯电动汽车高压互锁回路是由 VCU 进行检测的,在点火开关打到 ON 挡上电的瞬间,VCU 和 BMS 启动,开始自检,如果 VCU 判断 HVIL 状态正常,发送闭合继电器指令给 BMS,开始预充电过程,MCU 的电压开始逐渐上升,电压达到动力电池组额定总电压的 90% 时判定预充电成功,BMS 进入工作状态,主正继电器闭合,车辆上电成功;如果 VCU 检测到 HVIL 错误状态,立即发送高压回路闭合故障信息至 BMS,同时产生并存储故障代码,VCU 发送动力电池主正、负继电器断开信息,动力电池停止上电状态,因此车辆无法行驶。

5. 总结

(1)电动汽车高压互锁系统无法对故障点进行定位,需要进行逐步的人工排查。

(2)在进行高压互锁系统的检测前,为了确保安全,一定要按照相应的高压安全操作规程进行作业,操作人员按规定穿戴好防护用品。

（3）依据故障诊断流程，确认发生高压互锁故障位置，在检查高压系统时，逐步缩小排查目标，提高排查效率。

八、拓展学习

扫描二维码阅读相关内容。

吉利 EV300
高压互锁故障

吉利 EV450
高压互锁故障

任务五

充电设备异常故障诊断与排除

项目编号			成　绩	
姓　名			班　级	
日　期			教师签名	
教学目标	知识目标	1. 掌握纯电动汽车常见的充电系统策略及各种策略的控制原理； 2. 掌握纯电动汽车充电异常现象诊断流程	岗	对接纯电动汽车机电维修岗位典型工作任务"交流充电异常故障排除"
	能力目标	1. 能够根据故障诊断流程进行纯电动汽车高压互锁故障的诊断； 2. 能够自主制订工作计划，严格按照企业实践操作规范，开展纯电动汽车充电设备异常故障诊断与排除	证	对接职业技能等级证书："新能源汽车动力驱动电机电池技术（高级）"模块技能要求"能诊断因车载充电系统的线束、连接器、端子损坏或断开引起的故障""能诊断不能充电、充电慢的故障"
	素质目标	1. 树立高压作业安全防护意识； 2. 树立勤于钻研的学习意识	赛	前期准备，安全检查，仪器连接，故障现象确认，目视检查，读取故障代码与数据流，高压断电，非带电状态检测验证，交流充电系统的元器件测量与机械拆装，故障点确认和排除

一、情境描述

客户陈先生的纯电动汽车电量较低时,用随车充电宝进行充电,连接充电枪后,仪表显示充电连接指示灯,动力电池断开指示灯,车辆不能正常充电,随即陈先生将车辆送至纯电动汽车服务站,维修技师刘师傅负责对车辆进行故障诊断与维修。

二、任务分组

(1)全班分成若干组,每组固定人数,由教师指定工位并布置任务;
(2)每组从接到任务书起,由组长安排组内分工,完成工作任务;
(3)实训时需经组长报告教师并经教师同意后方可开始;
(4)实训过程中教师考核学生知识应用能力及安全文明、团队合作等职业素养。

学生任务分配表

班级		组号		指导教师	
组长		学号			
组员	姓名		学号		任务分工

三、获取资讯

引导问题1:请写出纯电动汽车慢充充电设备显示的异常现象。

_____

_____

_____

_____

引导问题 2：请画出纯电动汽车慢充充电的控制原理图。

慢充充电控制原理图

引导问题 3：请写出充电系统工作异常的主要原因。

_____

_____

_____

_____

引导问题 4：根据故障现象进行原因分析，绘制慢充充电异常故障原因树状图。

故障原因树状图

四、计划决策

引导问题 1：请写出纯电动汽车慢充充电异常故障诊断与排除步骤的作业项目和操作要点。

故障诊断与排除

序号	作业项目	操作要点	备注
1			
2			

续表

序号	作业项目	操作要点	备注
3			
4			
5			
6			
7			
8			
9			
10			
11			
12			

引导问题 2：请写出故障诊断与排除过程中使用的检测设备、工具、材料清单。

检测设备、工具、材料清单

序号	名称	数量	型号/特征参数/组成	符合要求
1				
2				
3				
4				
5				
6				
7				
8				
9				
10				
11				
12				
13				
14				
15				
16				
17				
18				

引导问题 3：请勾选实操过程中需要注意的事项，如有增加，可在表格空白处填写。

注意事项

序号	注意事项	选择
1	实训开始前应摘掉饰品，换上实训服，长头发应挽起固定于脑后	□是　□否
2	实训前检查仪表工具状态良好，使用后应立即清理	□是　□否
3	仪表使用后应随时打到 OFF 位，防止仪表受损	□是　□否
4	操作汽车举升机时应严格按照举升机操作规范进行作业	□是　□否
5	车辆底部实训操作时，应佩戴绝缘帽	□是　□否
6	整车实训时确保钥匙开关处于 LOCK，操作另有要求除外	□是　□否
7	车辆操作时，应施加驻车制动，除非有特定操作要求，置于其他挡位	□是　□否
8		
9		
10		
11		
12		
13		
14		
15		
16		
17		

引导问题 4：计划完成后，由教师进行审核，确定是否可以实施。

计划审核

计划审核	审核意见： 　　　　　　　　　　　　　　　　　　　　　年　月　日　签字

五、工作实施

引导问题 1：请完成纯电动汽车维修作业前高压作业个人安全防护并填写高压作业个人安全防护用具检查记录表。

高压作业安全防护

高压作业个人安全防护用具检查记录表

（1）检查绝缘手套的气密性			
	绝缘防护电压		
	漏电电流		
	气密性检查方法		
	检查结果	□良好	□漏气

（2）检查绝缘鞋、护目镜和安全帽外观是否完好

绝缘鞋外观检查	护目镜外观检查	安全帽外观检查
□良好　　□破损	□良好　　□破损	□良好　　□破损

（3）穿戴高压个人防护用具

1）穿上维修工服和绝缘鞋

	维修工服穿戴注意事项：
	穿维修工服的作用：
	绝缘鞋穿戴注意事项：
	穿绝缘鞋的作用：

续表

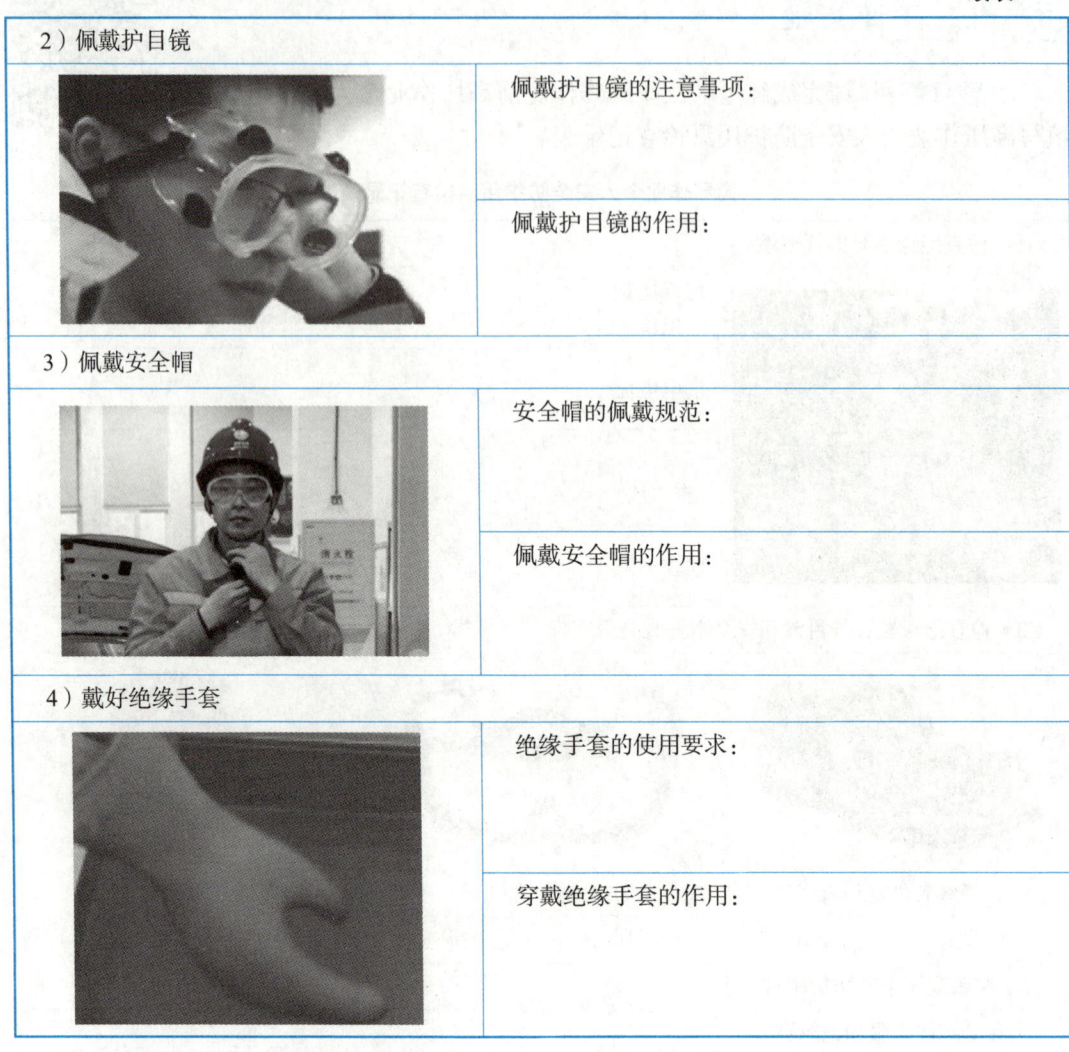

2）佩戴护目镜	
	佩戴护目镜的注意事项：
	佩戴护目镜的作用：

3）佩戴安全帽	
	安全帽的佩戴规范：
	佩戴安全帽的作用：

4）戴好绝缘手套	
	绝缘手套的使用要求：
	穿戴绝缘手套的作用：

引导问题 2： 请完成纯电动汽车维修作业前车辆安全防护并填写维修工位与车辆防护记录表。

维修工位与车辆防护记录表

（1）车辆检查及防护		
1）检查车辆停放位置是否合适		
	车辆距双柱距离是否均匀	左右：□是　□否 前后：□是　□否
	支点数量	
	是否对齐	□是　□否

·94·

续表

2）安装车内三件套			
	三件套名称		
	安装顺序		
	铺设三件套的原因		
3）检查驻车制动器及挡位位置			
	驻车制动器状态	□落下　　□提起	
	挡位位置	□R挡　　□N挡　　□D挡　　□E挡	
	注意事项		
4）安放车轮挡块			
	挡块数量	□1　　□2　　□3　　□4	
	车轮挡块安放位置		
	安放挡块原因		
5）在维修工位周围布置警戒带			
	操作对象		
	与车辆距离参考值	前：　　　　　　后： 左：　　　　　　右：	
	布置警戒带的原因		
6）放置危险警示牌			
	警示牌放置位置	□前机舱盖　　□车顶　　□地面	
	放置警示牌的作用		
	说明：		

续表

7）铺设翼子板防护垫		
	翼子板防护垫数量	□1 □2 □3 □4
	铺设翼子板防护垫的原因：	

（2）维修工具检查

	需要检查的绝缘维修工具	
	绝缘防护电压	
	外观	□良好 □破损

（3）绝缘垫检查

	外观检查	□砂眼 □老化 □厚度 □破裂 □其他
	绝缘电阻测试	
	说明	

（4）灭火器材检查

	灭火器有效期检查	□是 □否
	灭火器部件检查	压力指示检查： □是 □否 喷射软管的检查： □是 □否 保险机构的检查： □是 □否 标识的检查： □是 □否 外观检查： □是 □否

引导问题3： 请完成纯电动汽车检修前车辆基本检查并完成下表。

基本检查

辅助蓄电池电压	电压值：_____V	□正常 □异常
高压部件安装		□正常 □异常
连接器连接情况		□正常 □异常

任务五 充电设备异常故障诊断与排除

引导问题 4：请完成纯电动汽车故障现象确认并填写故障现象确认表。

故障现象

故障现象确认表

点火钥匙位置：□START　□ON　□ACC　□LOCK	
READY 指示灯：□熄灭　□点亮	续航里程：_____km
挡位情况：□R挡　□N挡　□D挡　□E挡	动力电池电压：_____V
仪表显示：_____	

引导问题 5：请使用专用解码仪读取纯电动汽车充电异常故障产生的故障代码并完成下表。

数据读取

故障代码

故障代码	□有	□无
序号	故障代码	含义
1		
2		
3		
4		

引导问题 6：请使用专用解码仪读取纯电动汽车充电异常故障产生的数据流并完成下表。

数据流

序号	数据流名称	标准值	实测值	判定
1				
2				
3				
4				
5				
6				
7				
8				
9				

引导问题 7：根据专用解码仪读取的故障代码与数据流，分析可能的故障原因并完成下表。

故障原因分析

故障原因

器件故障	
信号故障	
模块故障	
总线故障	
线束故障	
其他故障	

故障类型：熔断器、CAN 总线、供电电源、搭铁、继电器、线束、控制信号、BMS、VCU、单体电池

引导问题 8：根据已分析故障可能产生的原因，写出故障排除的相关内容。

学习意识　　充电设备故障排除

故障排除

序号	测量条件	测量部件	测量部位	标准值	实测值	判定
1						
2						
3						
4						
5						
6						
7						
8						
9						
10						
11						

小提示：参考如下填写方式。

参考填写方式

序号	测量条件	测量部件	测量部位	标准值	实测值	判定
1	ON 挡	熔断器	上端对地电压	12 V	12 V	正常 / 异常

引导问题 9：根据确定故障部位，分析故障导致现象的机理。

_____

_____

_____

_____

故障总结

引导问题 10：根据确定故障部位，确定故障诊断结论并完成下表。

诊断结论

诊断结论	器件故障	□熔断器	□元器件	□继电器	其他
	器件编号				
	线路故障	□断路	□虚接	□对正极短路	其他
	线路区间				
	线路故障	□对负极短路	□线路混搭		其他
	线路区间				
	部件故障				

引导问题 11：请在纯电动汽车充电异常故障排除后，验证车辆，连接充电枪，观察仪表现象并完成下表。

现象验证

防护工具	
测试设备	
警示牌名称	
仪表提示	

引导问题 12：纯电动汽车故障诊断与排除后，写出需要维修人员完成的工作内容。

_____

_____

_____

_____

注：以上实操内容根据工位实际情况填写，若无，则不填。

六、评价反馈

根据学生活动过程中的表现进行小组自评、小组互评和教师评价。

活动过程小组自评表

班级		组名		日期	
评价指标	评价要求			分数	分数评定
信息资讯	能够利用网络资源、车辆维修手册、学习信息页查找有效信息			10	
	能够用自己的语言清晰、有条理地回答课堂问题				
	能够有效地将搜索的知识转换到课堂学习中				
职业素养	能够熟悉自己的任务分工,认同自己的劳动价值			10	
	能够在实训过程中清晰认识到纯电动汽车维修安全要求				
	能够有效提高个人的高压危险作业防护意识				
思政素养	能够通过思政讨论、思政点背景查询,清晰理解"勤于钻研、不断学习"深入内涵			10	
课堂参与	与教师之间能够保持尊重、理解、平等的交流			10	
	与同学之间能够保持多向、丰富、适当的信息交流				
	能够自主学习,不流于形式,独立思考问题,做到有效学习			10	
	能够针对课堂问题提出建设性意见或看法				
	能够按照实操要求规范操作				
	实训小组内部能够协同操作				
学习能力	能够独立或小组协作使用课程资源自主学习			10	
	能够独立或小组协作计划决策,体现思维逻辑性、有效性				
	能够获得进一步发展的能力				
技能实操	遵守实训室管理规定、个人实训着装规定			15	
	遵守实训过程操作规范要求				
	遵守实训设备使用操作规范,不违规操作设备				
	能够保证做到不迟到不早退				
	能够积极参与课堂活动,积极完成任务工单				
	能够多角度思考问题,主动发现、提出有价值的问题				
思维状态	能够发现问题、提出问题、分析问题、解决问题、创新问题			10	

续表

评价指标	评价要求	分数	分数评定
评价反馈	能够按时按质完成工作任务	15	
	能够掌握碎片化专业知识点		
	具有较强的信息分析能力和理解能力；具有较为全面严谨的思维能力，能清晰表达		
自评分数			
有益的经验和做法			
总结反思建议			

活动过程小组互评表

班级		组名		日期	
评价指标	评价要求			分数	分数评定
信息资讯	该组能够利用网络资源、车辆维修手册、学习信息页查找有效信息			10	
	该组能够用自己的语言清晰、有条理地回答课堂问题				
	该组能够有效地将搜索的知识转换到课堂学习中				
职业素养	该组能够熟悉自己的任务分工，认同自己的劳动价值			10	
	该组能够在实训过程中清晰认识到纯电动汽车维修安全要求				
	该组能够有效提高高压危险作业防护意识				
思政素养	该组能够通过思政讨论、思政点背景查询，清晰理解"勤于钻研、不断学习"深入内涵			10	
课堂参与	该组与教师之间能够保持尊重、理解、平等的交流			10	
	该组同学之间能够保持多向、丰富、适当的信息交流				
	该组能够自主学习，不流于形式，独立思考问题，做到有效学习			10	
	该组能够针对课堂问题提出建设性意见或看法				
	该组能够按照实操要求规范操作				
	实训小组内部能够协同操作				
学习能力	该组能够独立或小组之间使用课程资源自主学习			10	
	该组能够独立或小组之间计划决策，体现思维逻辑性、有效性				
	该组能够获得进一步发展的能力				

续表

评价指标	评价要求	分数	分数评定
技能实操	该组遵守实训室管理规定、个人实训着装规定	15	
	该组遵守实训过程操作规范要求		
	该组遵守实训设备使用操作规范，不违规操作设备		
	该组能够保证课堂出勤，做到不迟到不早退		
	该组能够积极参与课堂活动，积极完成任务工单		
	该组能够多角度思考问题，主动发现、提出有价值的问题		
思维状态	该组能够发现问题、提出问题、分析问题、解决问题、创新问题	10	
评价反馈	该组能够按时按质完成工作任务	15	
	该组能够掌握碎片化专业知识点		
	该组具有较强的信息分析能力和理解能力；具有较为全面严谨的思维能力，并能清晰表达		
互评分数			
简要评述			

教师评价表

班级		组名		日期	
出勤					

			评价要求	分数	分数评定	
一	任务描述、接受任务	口述任务内容细节	表述仪态自然、吐字清晰	2	表述仪态不自然或吐字模糊扣1分	
			表达思路清晰、层次分明、准确		表达思路模糊或层次不清扣1分	
二	任务分析、任务分工	分析操作流程，分组分工	操作流程关键点分析准确	3	操作流程关键点分析不准确扣1分	
			知识回顾完整，分组分工明确		知识回顾不完整扣1分，分组分工不明确扣1分	
三	计划决策	操作流程	合理、可执行、完整	5	1处不合理扣1分，扣完为止；不能执行、不完整，扣5分	
		设备、工具、材料	设备、工具、材料准备齐全	3	设备、工具、材料缺1个，扣1分，扣完为止	

续表

		评价要求		分数	分数评定	
四	课程思政	思政背景	背景基础扎实、发展历程清晰、感悟能够内化，指导实践	10	表述仪态不自然或吐字模糊扣1分，观点不清晰扣1分，扣完为止	
		思政感悟				
五	工作实施	高压作业个人安全防护用具检查、使用	设备、工具、材料准备	3	每漏1项扣1分，扣完为止	
			资料准备	2	实操期间缺失1项扣1分	
			正确检查、佩戴防护用具	5	每错1项扣1分，扣完为止	
		维修工位与车辆防护	设备、工具、材料准备	2	每漏1项扣1分，扣完为止	
			正确进行工位与车辆防护检查与布置	10	每错1项扣1分，扣完为止	
		车辆高压下电	高压下电流程安全、合理	10	1处不合理扣1分，扣完为止	
		故障排除	规范连接充电枪，读取数据	10	每次不规范操作扣1分；每读取错误数据1次扣1分	
			准确、规范检查充电设备	15	每次不规范操作扣1分；检查错误分数扣完	
		现场恢复	保证6S、三步落地	3	每漏1项扣1分，扣完为止	
			设备、工具、材料、车辆恢复整理	2	每违反1项扣1分，扣完为止	
六	总结	任务总结	依据自评表分数	2		
			依据互评表分数	3		
			依据个人总结评价	10	依据内容酌情给分	
		合计		100		

七、相关知识点

1. 故障分析

（1）交流充电系统组成。在充电过程中，交流充电桩将220 V交流电转换为车辆所需的直流电，通过高压控制盒输入到动力电池中。为保证车辆低压部件正常工作，充电过程中DC/DC需要正常工作。其工作过程如图5.1所示。

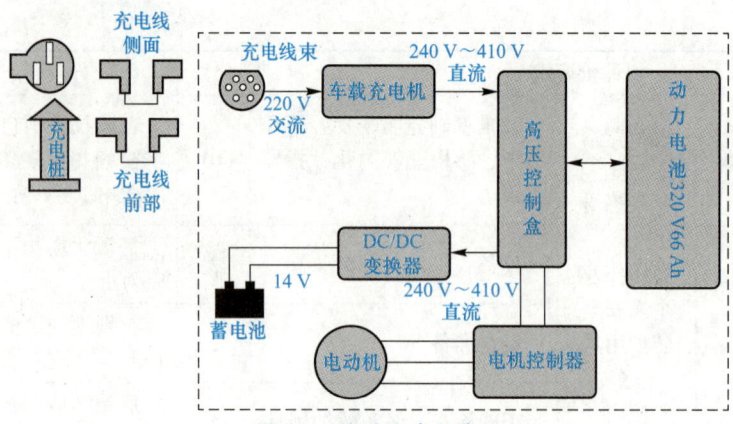

图 5.1 交流充电示意

常见的交流充电桩如图 5.2～图 5.4 所示。

图 5.2 便携充电枪　　图 5.3 壁挂式充电桩　　图 5.4 落地式充电桩

1）便携充电装置：指使用随车附带的便携充电线，连接家用插座充电。
2）壁挂式充电桩：指固定在墙壁上的用于车辆充电的装置，多用于固定车位安装。
3）落地式充电桩：安装在地面上用于车辆充电装置，多用于充电场。

（2）交流充电桩内部结构。交流充电桩控制电路主要部件包括进线断路器、浪涌保护器、充电模块、控制器、触摸屏、读卡器、继电器、熔断器、充电枪及电缆、指示灯等组成，如图 5.5 和图 5.6 所示。

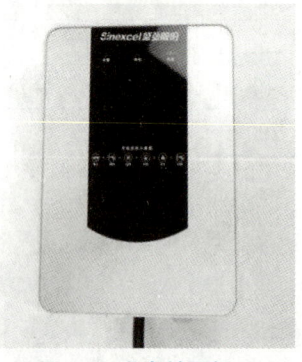

图 5.5 充电桩面板　　图 5.6 充电桩内部控制电路

（3）交流充电枪。将交流充电枪进行拆解后如图 5.7 所示，包括火线 L、零线 N、接地线 PE、微动开关、按板，CC 端与 PE 间连接线、CP 信号线按板下有一个复位弹簧，如图 5.8 所示，微动开关控制充电接口中 CC 与 PE 之间电阻值在 RC+R4、RC 之间切换，以使车辆判断充电枪是否可靠连接到车辆。

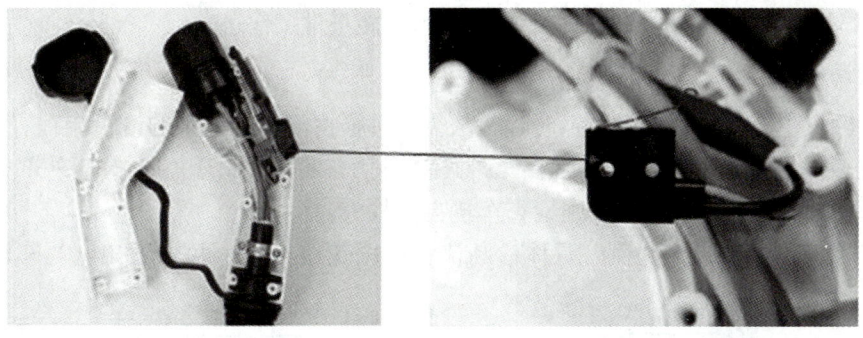

图 5.7　充电桩面板　　　　图 5.8　充电桩内部控制电路

2. 故障原因分析

交流充电桩是为具有车载充电机的电动汽车提供人机交互操作界面及交流充电接口，并具备测控保护功能的专用装置，主要由交流充电控制箱体、导线、充电枪、充电插座组成。具体故障原因（图 5.9）如下：

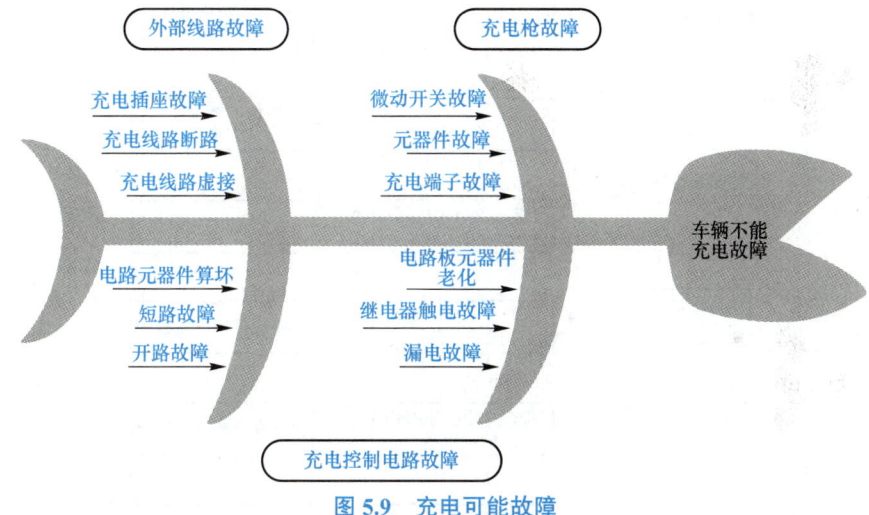

图 5.9　充电可能故障

（1）交流充电桩外部线路故障。当充电插座、充电桩的充电线束出现短路、断路、虚接故障时，导致系统充电异常。

（2）交流充电控制电路故障。交流充电桩的主回路由于直接受到电流电压应力的影响，成为交流充电桩故障的高发地。主回路通常包括断路器、继电器、充电接口、电能表以及电缆线等，结合这些电力元器件及充电桩充电的具体特性，通常将交流充电桩的电路故障划分为软故障和硬故障两大类。

硬故障是指一些大的变动性故障，如短路、开路、元件损坏等。这些故障可导致整个电路失效，甚至使原系统被破坏。软故障通常称作渐变性故障，主要由于元器件长期工作老化致使其参数超出容差范围所引起。一般情况下，发生软故障后系统还可继续运

行，但工作效率受到极大影响，长此以往将导致系统出现更为严重的故障。

（3）充电枪故障。充电枪主要包括微动开关、R4电阻、RC电阻、火线端子、零线端子、PE端子等，当其发生故障时，充电装置不能正常工作。

3. 故障诊断流程

当车辆发生充电设备异常故障时，一般需要遵循由简单到复杂的诊断流程。

当故障发生时，要判断故障是在车外还是车辆自身。因此，首先检查外部充电设备是否正常，如果外部设备正常，则检查车辆自身故障。

以采用家用插座慢充为例，具体诊断流程如图5.10所示。可以看出，当车辆充电异常时：

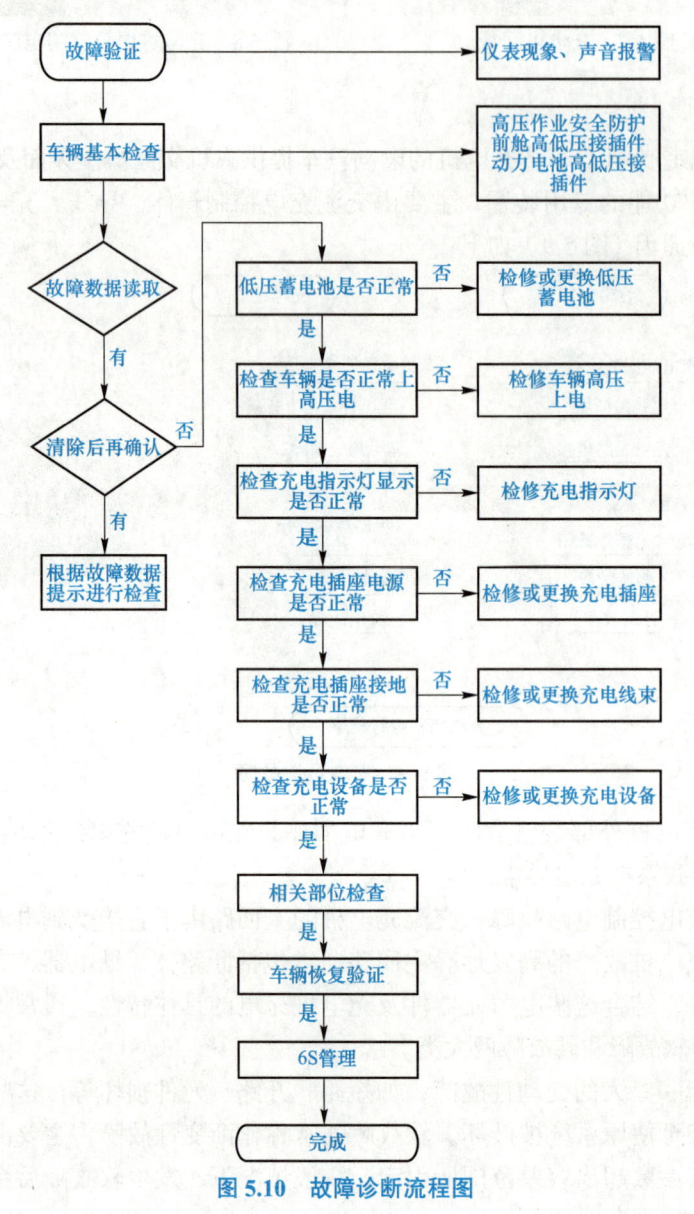

图 5.10 故障诊断流程图

（1）首先进行车外的检查。检查插座是否正常供电，可用 220 V 供电的试灯（修车灯）等进行测试，如果灯正常点亮，则说明供电正常，否则更换电源。

（2）如果检查供电正常，则需要检查插座接地是否正常，可用万用表测量接地情况，接地不良则需更换插座后重新进行测试。

（3）如果检查插座无故障，则需要检查交流充电枪是否有故障。

（4）如果检查充电枪无故障，则需要检查连接车载充电机的线束和车载充电机是否正常。充电连接线可以采用测通断的方式来检查。

（5）如果检查充电信号线束无故障，则需要检查是否由于低压蓄电池亏电导致车上低压控制不能实现。

（6）以上检查完成后，仍不能进行充电，则要检查 VCU 是否有故障。VCU 故障检查较为复杂，需要进行专业检查。

（7）确定 VCU 无故障后，故障仍不能排除，则可怀疑是 BMS 故障或电池内部有故障，此类故障需要进行专业检查。

4. 故障诊断与修复

纯电动汽车充电设备异常故障的诊断、检测与修复过程由故障验证、车辆基本检查、读取诊断仪数据和线路及部件检修等步骤组成。

（1）故障验证。通过实车验证，故障现象与描述一致，连接充电枪，仪表显示充电指示灯、动力电池故障灯，车辆不能正常充电，如图 5.11 所示。

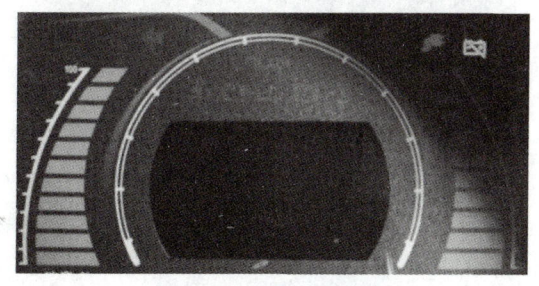

图 5.11 仪表故障显示

（2）车辆基本检查。举升车辆，检查动力电池高低压接插件处、PDU 慢充充电系统接插件处，经检查接插件未出现松脱、断裂现象（图 5.12）。

(a) (b)

图 5.12 接插件检查
(a) 动力电池高低压接插件检查；(b) PDU 慢充充电系统接插件检查

（3）读取诊断仪数据。将专用诊断仪连接至车辆诊断接口，诊断仪显示"车载充电机（OBU）"模块，点击读取故障代码：P148402 CC 信号异常故障、P148801 CP 信号异常故障，且充电设备指示灯异常（图 5.13）。

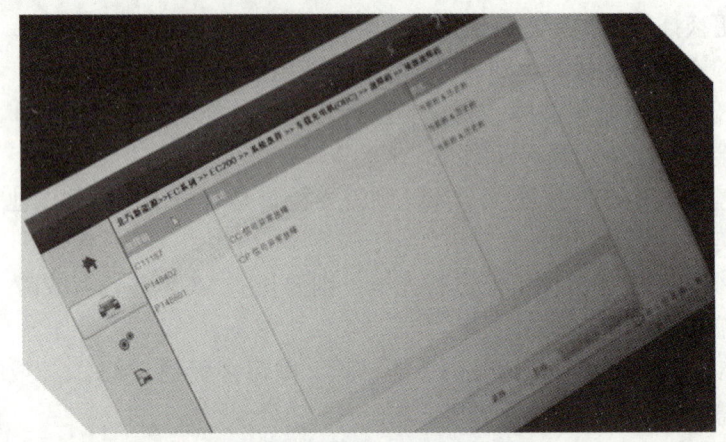

图 5.13　车载充电机故障数据

（4）充电口检查。检查慢充充电口，无损坏，无异物，正常（图 5.14）。

图 5.14　充电口检查

（5）充电设备检查。检查充电设备各连接处，无损坏、破裂（图 5.15）。

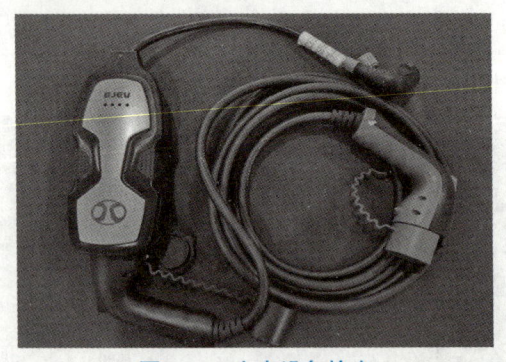

图 5.15　充电设备检查

（6）观察充电指示信息。充电设备连接电源，插入车辆充电口，观察充电设备指示灯工作情况，通过解读充电设备指示灯信息，发现充电设备未接地（图 5.16）。

(a) (b)

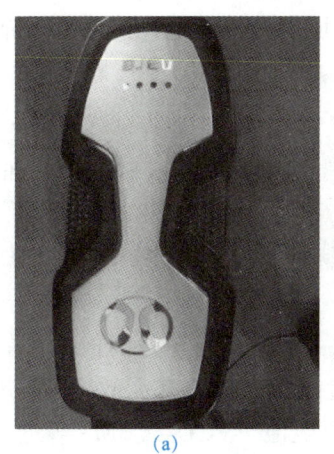

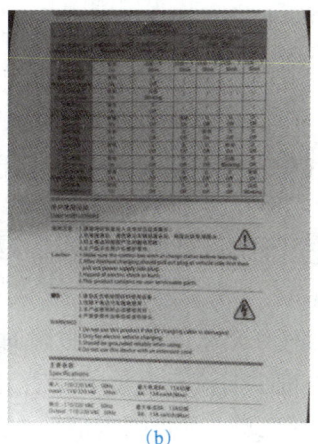

图 5.16　充电设备检查
(a)充电设备指示灯；(b)指示灯状态信息

（7）线路测量。取数字万用表，检查插排接地端是否可靠连接，经测量电阻无穷大，异常（图 5.17）。

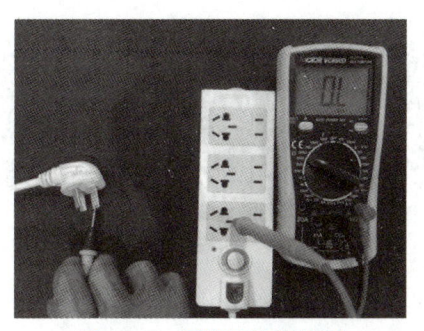

图 5.17　插排接地线检测

（8）恢复。恢复故障，连接充电枪，仪表显示正常，车辆能够正常充电（图 5.18）。

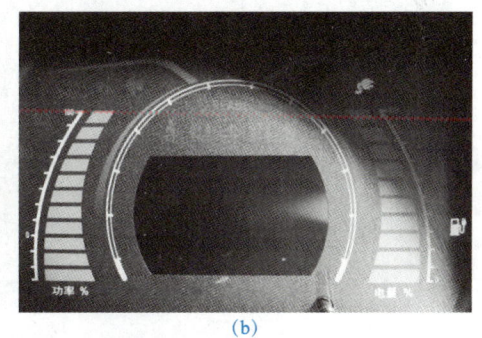

(a) (b)

图 5.18　车辆恢复后验证
(a)连接充电枪；(b)仪表现象

（9）6S 管理。

5. 故障案例分析

交流充电枪上的端子中，CC 为充电连接确认，PE 为车身地线，当充电插座只有 L 线、

N线,无接地保护线时,车辆充电设备未能识别有效充电连接信号,充电设备与车辆充电连接失败。

6. 总结

(1)纯电动汽车充电设备异常故障现象可分为车辆不显示充电和车辆显示充电电流小。

(2)车辆不能正常充电的原因主要有车辆外部设备故障、车辆VCU故障、电池自身故障及通信故障四个。

(3)当纯电动汽车充电设备异常故障时,首先进行车外的检查,主要是检查外部交流电源、交流充电桩、交流充电枪等是否有故障,排除外围故障后,对车上充电插口、交流充电线、车载充电机、充电连接信号、蓄电池、VCU及BMS等进行检查。

八、拓展学习

扫描二维码阅读相关内容。

| 吉利EV450充电信号CC异常 | 新技术——小鹏800 V高压平台 | 800 V高压平台 |

任务六

充电信号异常故障诊断与排除

项目编号			成　绩	
姓　　名			班　级	
日　　期			教师签名	
教学目标	知识目标	1. 掌握纯电动汽车充电异常故障原因； 2. 掌握纯电动汽车充电异常故障诊断流程	岗	对接纯电动汽车机电维修岗位典型工作任务"交流充电异常故障排除"
	能力目标	1. 能够根据故障流程进行纯电动汽车充电信号异常故障的诊断； 2. 能够自主制订工作计划，严格按照企业实践操作规范，开展纯电动汽车充电信号异常故障诊断与排除	证	对接职业技能等级证书："新能源汽车动力驱动电机电池技术（高级）"模块技能要求"能诊断因车载充电系统的线束、连接器、端子损坏或断开引起的故障""能诊断不能充电、充电慢的故障"
	素质目标	1. 树立高压作业安全防护意识； 2. 树立努力钻研、改革创新的意识	赛	前期准备，安全检查，仪器连接，故障现象确认，目视检查，读取故障代码与数据流，高压断电，非带电状态检测验证，交流充电系统的元器件测量与机械拆装，故障点确认和排除

一、情境描述

客户陈先生的纯电动汽车电量较低时,用随车充电宝进行充电,连接充电枪后,仪表显示充电连接指示灯、动力电池断开指示灯,车辆不能正常充电,随即陈先生将车辆送至纯电动汽车服务站,维修技师刘师傅负责对车辆进行故障诊断与维修。

二、任务分组

(1)全班分成若干组,每组固定人数,由教师指定工位并布置任务;
(2)每组从接到任务书起,由组长安排组内分工,完成工作任务;
(3)实训时需经组长报告教师并经教师同意后方可开始;
(4)实训过程中教师考核学生知识应用能力及安全文明、团队合作等职业素养。

学生任务分配表

班级		组号		指导教师	
组长		学号			
组员	姓名	学号		任务分工	

三、获取资讯

引导问题1:请在下表中绘制纯电动汽车慢充端子接口图,并写出各端子功能。

慢充端子图及端子功能

慢充端子接口图	端子功能

· 112 ·

任务六 ▶▶▶ 充电信号异常故障诊断与排除

引导问题 2：请在下表中绘制充电枪的枪端与纯电动汽车的充电接口连接图。

枪端与车端连接

枪端	车端

引导问题 3：请详述纯电动汽车慢充充电工作原理。

_____

_____

_____

工作原理

_____

引导问题 4：请绘制纯电动汽车慢充充电过程中的控制信号波形。

控制信号波形测量

波形名称	标准波形（注意单位）	实测波形（请圈出异常位置）
波形名称	标准波形（注意单位）	实测波形（请圈出异常位置）

· 113 ·

引导问题 5：请写出纯电动汽车慢充充电异常现象的主要原因。

_____

_____

_____

_____

引导问题 6：根据故障现象进行原因分析，画出慢充充电异常故障原因树状图。

故障原因树状图

四、计划决策

引导问题 1：请写出纯电动汽车慢充充电异常故障诊断与排除步骤的作业项目和操作要点。

故障诊断与排练

序号	作业项目	操作要点	备注
1			
2			
3			
4			
5			
6			
7			
8			
9			

续表

序号	作业项目	操作要点	备注
10			
11			
12			

引导问题 2： 请写出故障诊断与排除过程中使用的检测设备、工具、材料清单。

检测设备、工具、材料清单

序号	名称	数量	型号 / 特征参数 / 组成	符合要求
1				
2				
3				
4				
5				
6				
7				
8				
9				
10				
11				
12				
13				
14				
15				
16				
17				
18				

引导问题 3： 请勾选实操过程中需要注意的事项，如有增加，可在表格空白处填写。

注意事项

序号	注意事项	选择
1	实训开始前应摘掉饰品，换上实训服，长头发应挽起固定于脑后	□是 □否
2	实训前检查仪表工具状态良好，使用后应立即清理	□是 □否
3	仪表使用后应随时打到 OFF 位，防止仪表受损	□是 □否
4	操作汽车举升机时应严格按照举升机操作规范进行作业	□是 □否
5	车辆底部实训操作时，应佩戴安全帽	□是 □否

续表

序号	注意事项	选择
6	整车实训时确保钥匙开关处于 LOCK，操作另有要求除外	□是 □否
7	车辆操作时，应施加驻车制动，除非有特定操作要求，置于其他挡位	□是 □否
8		
9		
10		
11		
12		

引导问题 4：计划完成后，由教师进行审核，确定是否可以实施。

计划审核

计划审核	审核意见： 年　月　日　签字

五、工作实施

引导问题 1：请完成纯电动汽车维修作业前高压作业个人安全防护并填写高压作业个人安全防护用具检查记录表。

高压作业安全防护

高压作业个人安全防护用具检查记录表

（1）检查绝缘手套的气密性

	绝缘防护电压	
	漏电电流	
	气密性检查方法	
	检查结果	□良好　□漏气

续表

（2）检查绝缘鞋、护目镜和安全帽外观是否完好		
绝缘鞋外观检查	护目镜外观检查	安全帽外观检查
□良好　□破损	□良好　□破损	□良好　□破损

（3）穿戴高压个人防护用具

1）穿上维修工服和绝缘鞋	
	维修工服穿戴注意事项：
	穿维修工服的作用：
	绝缘鞋穿戴注意事项：
	穿绝缘鞋的作用：
2）佩戴护目镜	
	佩戴护目镜的注意事项：
	佩戴护目镜的作用：
3）佩戴安全帽	
	安全帽的佩戴规范：
	佩戴安全帽的作用：

续表

4）戴好绝缘手套		
	绝缘手套的使用要求：	
	穿戴绝缘手套的作用：	

引导问题2：请完成纯电动汽车维修作业前车辆安全防护并填写维修工位与车辆防护记录表。

维修工位与车辆防护记录表

（1）车辆检查及防护

1）检查车辆停放位置是否合适		
	车辆距双柱距离是否均匀	左右：□是　□否 前后：□是　□否
	支点数量	
	是否对齐	□是　　□否

2）安装车内三件套				
	三件套名称			
	安装顺序			
	铺设三件套的原因			

3）检查驻车制动器及挡位位置				
	驻车制动器状态	□落下　　□提起		
	挡位位置	□R挡　□N挡　□D挡　□E挡		
	注意事项			

续表

4）安放车轮挡块		
	挡块数量	□1　　□2　　□3　　□4
	车轮挡块安放位置	
	安放挡块原因	
5）在维修工位周围布置警戒带		
	操作对象	
	与车辆距离参考值	前：　　　　　　后： 左：　　　　　　右：
	布置警戒带的原因	
6）放置危险警示牌		
	警示牌放置位置	□前机舱盖　　□车顶　　□地面
	放置警示牌的作用	
	说明：	
7）铺设翼子板防护垫		
	翼子板防护垫数量	□1　　□2　　□3　　□4
	铺设翼子板防护垫的原因：	
（2）维修工具检查		
	需要检查的绝缘维修工具	
	绝缘防护电压	
	外观	□良好　　□破损

续表

（3）绝缘垫检查			
	外观检查	☐砂眼　☐老化　☐厚度　☐破裂 ☐其他	
	绝缘电阻测试		
	说明		
（4）灭火器器材检查			
	灭火器有效期检查	☐是　　☐否	
	灭火器部件检查	压力指示检查：　☐是　　☐否 喷射软管的检查：☐是　　☐否 保险机构的检查：☐是　　☐否 标识的检查：　　☐是　　☐否 外观检查：　　　☐是　　☐否	

引导问题 3：请完成纯电动汽车检修前的车辆基本检查。

基本检查

辅助蓄电池电压	电压值：_____V	☐正常	☐异常
高压部件安装		☐正常	☐异常
连接器连接情况		☐正常	☐异常

引导问题 4：请完成纯电动汽车故障现象确认并填写故障现象确认表。

故障现象

故障现象确认表

	防护工具	
	测试设备	
	警示牌名称	
	仪表提示	

任务六　充电信号异常故障诊断与排除

引导问题 5：请使用专用解码仪读取纯电动汽车充电异常故障产生的故障代码并完成下表。

数据读取

故障代码

故障代码	□有	□无
序号	故障代码	含义
1		
2		
3		
4		

引导问题 6：请使用专用解码仪读取纯电动汽车充电异常故障产生的数据流并完成下表。

数据流

序号	数据流名称	标准值	实测值	判定
1				
2				
3				
4				
5				

引导问题 7：根据专用解码仪读取的故障代码与数据流，分析可能的故障原因并完成下表。

故障原因分析

故障原因

器件故障	
信号故障	
模块故障	
总线故障	
线束故障	
其他故障	
故障类型：熔断器、CAN 总线、供电电源、搭铁、继电器、线束、控制信号、BMS、VCU、单体电池熔断器	

· 121 ·

引导问题 8：根据已分析故障可能产生的原因，写出故障排除的相关内容。

勤奋刻苦　　故障排除

故障排除

序号	测量条件	测量部件	测量部位	标准值	实测值	判定
1						
2						
3						
4						
5						
6						
7						
8						
9						
10						

小提示：参考如下填写方式。

参考填写方式

序号	测量条件	测量部件	测量部位	标准值	实测值	判定
1	ON 挡	熔断器	上端对地电压	12 V	12 V	正常 / 异常

引导问题 9：根据确定故障部位，分析故障导致现象的机理。

故障总结

_____

_____

_____

引导问题 10：根据确定故障部位，确定故障诊断结论并完成下表。

诊断结论

诊断结论	器件故障	□熔断器	□元器件	□继电器	其他
	器件编号				
	线路故障	□断路	□虚接	□对正极短路	其他
	线路区间				
	线路故障	□对负极短路	□线路混搭		其他
	线路区间				
	部件故障				

引导问题 11：请在纯电动汽车充电异常故障排除后，验证车辆，连接充电枪，观察仪表现象。

现象验证

	防护工具	
	测试设备	
	警示牌名称	
	仪表提示	

引导问题 12：纯电动汽车故障诊断与排除后，写出需要维修人员完成的工作内容。

_____

_____

_____

注：以上实操内容根据工位实际情况填写，若无，则不填。

六、评价反馈

根据学生活动过程中的表现进行小组自评、小组互评和教师评价。

活动过程小组自评表

班级		组名		日期	
评价指标	评价要求			分数	分数评定
信息资讯	能够利用网络资源、车辆维修手册、学习信息页查找有效信息			10	
	能够用自己的语言清晰、有条理地回答课堂问题				
	能够有效地将搜索的知识转换到课堂学习中				

续表

评价指标	评价要求	分数	分数评定
职业素养	能够熟悉自己的任务分工，认同自己的劳动价值	10	
	能够在实训过程中清晰认识到纯电动汽车维修安全要求		
	能够有效提高个人的高压危险作业防护意识		
思政素养	能够通过思政讨论、思政点背景查询，清晰理解"努力钻研、改革创新"深入内涵	10	
课堂参与	与教师之间能够保持尊重、理解、平等的交流	10	
	与同学之间能够保持多向、丰富、适当的信息交流		
	能够自主学习，不流于形式，独立思考问题，做到有效学习		
	能够针对课堂问题提出建设性意见或看法	10	
	能够按照实操要求规范操作		
	实训小组内部能够协同操作		
学习能力	能够独立或小组协作使用课程资源自主学习	10	
	能够独立或小组协作计划决策，体现思维逻辑性、有效性		
	能够获得进一步发展的能力		
技能实操	遵守实训室管理规定、个人实训着装规定	15	
	遵守实训过程操作规范要求		
	遵守实训设备使用操作规范，不违规操作设备		
	能够保证课堂出勤，做到不迟到不早退		
	能够积极参与课堂活动，积极完成任务工单		
	能够多角度思考问题，主动发现、提出有价值的问题		
思维状态	能够发现问题、提出问题、分析问题、解决问题、创新问题	10	
评价反馈	能够按时按质完成工作任务	15	
	能够掌握碎片化专业知识点		
	具有较强的信息分析能力和理解能力；具有较为全面、严谨的思维能力，并能清晰表达		
自评分数			
有益的经验和做法			
总结反思建议			

活动过程小组互评表

班级		组名		日期	
评价指标	评价要求			分数	分数评定
信息资讯	该组能够利用网络资源、车辆维修手册、学习信息页查找有效信息			10	
	该组能够用自己的语言清晰、有条理地回答课堂问题				
	该组能够有效地将搜索的知识转换到课堂学习中				
职业素养	该组能够熟悉自己任务分工,认同自己的劳动价值			10	
	该组能够在实训过程中清晰认识到纯电动汽车维修安全要求				
	该组能够有效提高高压危险作业防护意识				
思政素养	该组能够通过思政讨论、思政点背景查询,清晰理解"努力钻研、改革创新"深入内涵			10	
课堂参与	该组与教师之间能够保持尊重、理解、平等的交流			10	
	该组同学之间能够保持多向、丰富、适当的信息交流				
	该组能够自主学习,不流于形式,独立思考问题,做到有效学习			10	
	该组能够针对课堂问题提出建设性意见或看法				
	该组能够按照实操要求规范操作				
	实训小组内部能够协同操作				
学习能力	该组能够独立或小组之间协作使用课程资源自主学习			10	
	该组能够独立或小组之间协作计划决策,体现思维逻辑性、有效性				
	该组能够获得进一步发展的能力				
技能实操	该组遵守实训室管理规定、个人实训着装规定			15	
	该组遵守实训过程操作规范要求				
	该组遵守实训设备使用操作规范,不违规操作设备				
	该组能够保证课堂出勤,做到不迟到不早退				
	该组能够积极参与课堂活动,积极完成任务工单				
思维状态	该组能够多角度思考问题,主动发现、提出有价值的问题			10	
	该组能够发现问题、提出问题、分析问题、解决问题、创新问题				
评价反馈	该组能够按时按质完成工作任务			15	
	该组能够掌握碎片化专业知识点				
	该组具有较强的信息分析能力和理解能力;具有较为全面、严谨的思维能力,并能清晰表达				
互评分数					
简要评述					

教师评价表

班级			组名		日期	
出勤						
		评价要求		分数	分数评定	
一	任务描述、接受任务	口述任务内容细节	表述仪态自然、吐字清晰	2	表述仪态不自然或吐字模糊扣1分	
			表达思路清晰、层次分明、准确		表达思路模糊或层次不清扣1分	
二	任务分析、任务分工	分析操作流程，分组分工	操作流程关键点分析准确	3	操作流程关键点分析不准确扣1分	
			知识回顾完整，分组分工明确		知识回顾不完整扣1分，分组分工不明确扣1分	
三	计划决策	操作流程	合理、可执行、完整	5	1处不合理扣1分，扣完为止；不能执行、不完整，扣5分	
		设备、工具、材料	设备、工具、材料准备齐全	3	设备、工具、材料缺1个，扣1分，扣完为止	
四	课程思政	思政背景	背景基础扎实、发展历程清晰、感悟能够内化，指导实践	10	表述仪态不自然或吐字模糊扣1分，观点不清晰扣1分，扣完为止	
		思政感悟				
五	工作实施	高压作业个人安全防护用具检查、使用	设备、工具、材料准备	3	每漏1项扣1分，扣完为止	
			资料准备	2	实操期间缺失1项1分，扣完为止	
			正确检查、佩戴防护用具	5	每错1项扣1分，扣完为止	
		维修工位与车辆防护	设备、工具、材料准备	2	每漏1项扣1分，扣完为止	
			正确进行工位与车辆防护检查与布置	10	每错1项扣1分，扣完为止	
		车辆高压下电	高压下电流程安全、合理	10	1处不合理扣1分，扣完为止	
		故障排除	规范连接充电枪，读取数据	10	每次不规范操作扣1分；每读取错误数据1次扣1分	
			准确、规范检查充电设备	15	每次不规范操作扣1分；检查错误分数扣完	
		现场恢复	保证6S、三步落地	3	每漏1项扣1分，扣完为止	
			设备、工具、材料、车辆恢复整理	2	每违反1项扣1分，扣完为止	

续表

评价要求			分数	分数评定
六	总结	任务总结		
		依据自评表分数	2	
		依据互评表分数	3	
		依据个人总结评价	10	依据内容酌情给分
合计			100	

七、相关知识点

1. 充电信号控制过程

依据《电动汽车传导充电系统 第1部分：通用要求》(GB/T 18487.1—2015)，本任务以常用的充电模式2连接方式B为例进行讲解充电控制信号变化（图6.1）。

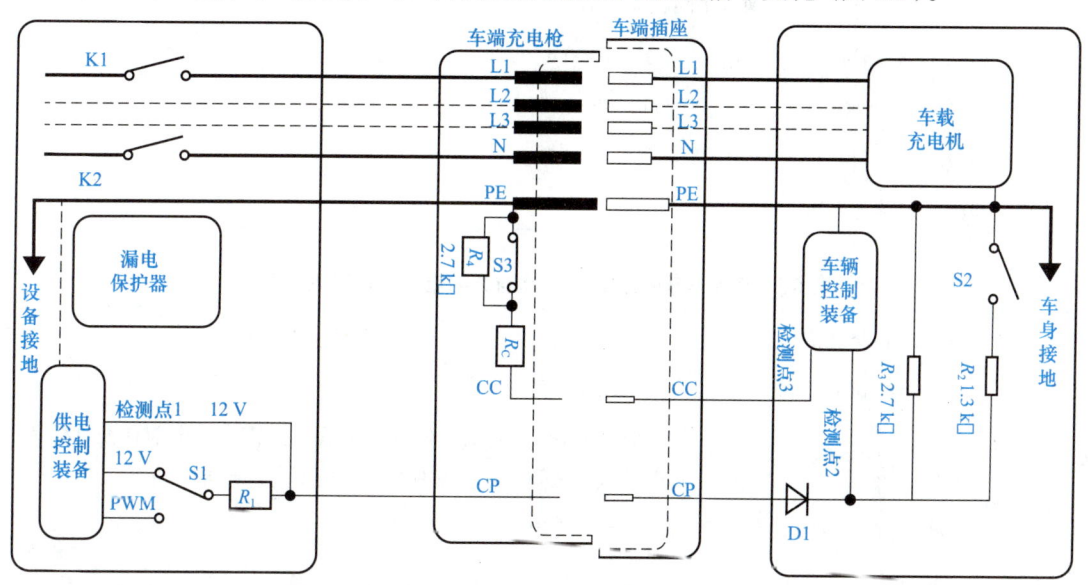

图6.1 充电模式2连接方式B的控制引导原理图

（1）连接确认与电子锁。车辆控制装置通过测量检测点3与PE之间的电阻值来判断车辆插头与车辆插座是否完全连接（对于连接方式B）。完全连接后，如车辆插座内配备有电子锁，电子锁应在开始供电（K1与K2闭合）前锁定车辆插头并在整个充电流程中保持。如不能锁定，由电动车辆决定下一步操作，如继续充电流程，通知操作人员并等待进一步指令或终止充电流程。

（2）充电连接装置载流能力和供电设备供电功率的识别。车辆控制装置通过测量检测点3与PE之间的电阻值来确认当前充电连接装置（电缆）的额定容量；通过测量检测点2的PWM信号占空比确认当前供电设备的最大供电电流。PWM信号如图6.2所示。

图 6.2　PWM 信号图

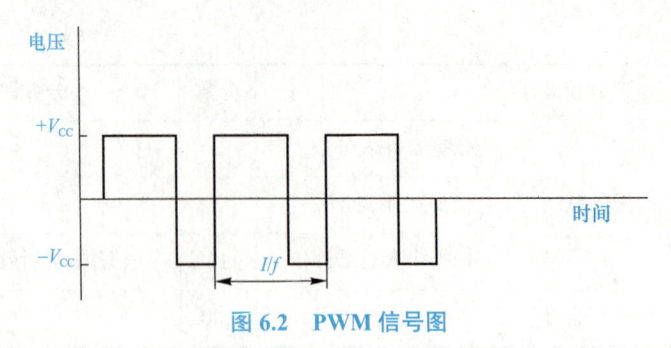

占空比与充电电流限值的映射关系见表 6.1 和表 6.2。

表 6.1　充电设施产生的占空比与充电电流限值映射关系

PWM 占空比 D	最大充电电流 I_{max}/A
$D = 0\%$，连续的 -12 V	充电桩不可用
$D = 5\%$	5% 的占空比表示需要数字通信，且需在电能供应之前在充电桩和电动汽车间建立通信
$10\% \leqslant D \leqslant 85\%$	$I_{max} = D \times 100 \times 0.6$
$85\% < D \leqslant 90\%$	$I_{max} = (D \times 100 - 64) \times 2.5$ 且 $I_{max} \leqslant 63$
$90\% < D \leqslant 97\%$	预留
$D = 100\%$，连续正电压	不允许

表 6.2　电动车辆检测的占空比与充电电流限值映射关系

PWM 占空比 D	最大充电电流 I_{max}/A
$D < 3\%$	不允许充电
$3\% \leqslant D \leqslant 7\%$	5% 的占空比表示需要数字通信，且需在充电前在充电桩和电动汽车之间建立。没有数字通信不允许充电
$7\% < D < 8\%$	不允许充电
$8\% \leqslant D < 10\%$	$I_{max} = 6$
$10\% \leqslant D \leqslant 85\%$	$I_{max} = D \times 100 \times 0.6$
$85\% < D \leqslant 90\%$	$I_{max} = (D \times 100 - 64) \times 2.5$ 且 $I_{max} \leqslant 63$
$90\% < D \leqslant 97\%$	预留
$D > 97\%$	不允许充电

（3）充电过程的监测。在充电过程中，车辆控制装置应对检测点 3 与 PE 之间的电阻值（对于连接方式 B）及检测点 2 的 PWM 信号占空比进行监测。

（4）充电系统的停止。在充电过程中，当充电完成或因为其他原因不能满足继续充电的条件时，车辆控制装置和供电控制。

2. 充电过程的工作控制程序

（1）车辆插头与车辆插座插合，使车辆处于不可行驶状态。当车辆插头与车辆插座插合后，车辆的总体设计方案可以自动启动某种触发条件（如打开充电门、车辆插头与车辆插座连接或者对车辆的充电按钮、开关等进行功能触发设置），通过互锁或者其他控制措施使车辆处于不可行驶状态。

（2）确认车辆接口已完全连接（对于连接方式 B）。车辆控制装置通过测量检测点 3 与 PE 之间的电阻值来判断车辆插头与车辆插座是否完全连接。未连接时，S3 处于闭合状态，CC 未连接，监测点 3 与 PE 之间的电阻值为无限大；半连接时，S3 处于断开状态，CC 已连接，监测点 3 与 PE 之间的电阻值为 RC+R4；完全连接时，S3 处于闭合状态，CC 已连接，监测点 3 与 P 之间的电阻值为 RC。

（3）确认充电连接装置是否已完全连接。如供电设备无故障，并且供电接口已完全连接，则开关 S1 从 +12 V 连接状态切换至 PWM 连接状态，供电控制装置发 PWM 信号。供电控制装置通过测量检测点 1 的电压值来判断充电连接装置是否完全连接。车辆控制装置通过测量检测点 2 的 PWM 信号，判断充电连接装置是否已完全连接。

（4）车辆准备就绪。在车载充电机自检完成，且没有故障的情况下，并且电池组处于可充电状态时，车辆控制装置闭合开关 S2（如果车辆设置有"充电请求"或"充电控制"功能时，则同时应满足车辆处于"充电请求"或"可充电"状态）。

（5）供电设备准备就绪。供电控制装置通过测量检测点 1 的电压值判断车辆是否准备就绪。当检测点 1 的峰值电压为表 6.3 中状态 3 对应的电压值时，则供电控制装置通过闭合接触器 K1 和 K2 使交流供电回路导通。

表 6.3 检测 1 电压状态

充电过程状态	充电连接装置是否连接	S2	车辆是否可以充电	检测点 1 峰值电压（稳定后测量）/V	说明
状态 1	否	断开	否	12	车辆接口未完全连接，检测点 2 的电压为 0
状态 2	是	断开	否	9	S1 切换至与 PWM 连接状态，R3 被检测到
状态 3	是	闭合	可	6	车载充电机及供电设备处于正常工作状态

（6）充电系统的启动。

1）当电动汽车和供电设备建立电气连接后，车辆控制装置通过判断检测点 2 的 PWM 信号占空比确认供电设备的最大可供电能力，并且通过判断检测点 3 与 PE 之间的电阻值来确认电缆的额定容量。车辆的连接状态及 RC 的电阻值见表 6.4。车辆控制装置对供电设备当前提供的最大供电电流值、车载充电机的额定输入电流值及电缆的额定容量进行比较，将其最小值设定为车载充电机当前最大允许输入电流。当车辆控制装置判断充电连接装置已完全连接，并完成车载充电机最大允许输入电流设置后，车载充电机开始对电动汽车进行充电。

表 6.4 车辆接口连接状态及 RC 的电阻值

状态	RC	R4	S3	车辆接口连接状态及额定电流
状态 A	—		—	车辆接口未完全连接
状态 B	—		断开	机械锁止装置处于解锁状态
状态 C	1.5 kΩ/0.5 W^a	—	闭合	车辆接口已完全连接，充电电缆容量为 10 A
状态 C′	1.5 kΩ/0.5 W^a	1.8 kΩ/0.5 W^b	断开	车辆接口处于半连接状态
状态 D	680 Ω/0.5 W^a	—	闭合	车辆接口已完全连接，充电电缆容量为 16 A
状态 D′	680 Ω/0.5 W^a	1.8 kΩ/0.5 W^b	断开	车辆接口处于半连接状态
状态 E	220 Ω/0.5 W^a	—	闭合	车辆接口已完全连接，充电电缆容量为 32 A
状态 E′	220 Ω/0.5 W^a	3.3 kΩ/0.5 W^b	断开	车辆接口处于半连接状态
状态 F	100 Ω/0.5 W^a	—	闭合	车辆接口已完全连接，充电电缆容量为 63 A
状态 F′	100 Ω/0.5 W^a	3.3 kΩ/0.5 W^b	断开	车辆接口处于半连接状态

2）在充电过程中，当接收到检测点 2 的 PWM 信号时，车载充电机最大允许输入电流设置取决于供电设备的可供电能力、充电线缆载流值和车载充电机额定电流的最小值。

（7）检查供电接口的连接状态及供电设备的供电能力变化情况。

1）在充电过程中，车辆控制装置通过周期性监测检测点 2 和检测点 3，供电控制装置通过周期性监测检测点 1，确认供电接口和车辆接口的连接状态，监测周期不大于 50 ms。

2）车辆控制装置对检测点 2 的 PWM 信号进行不间断检测，当占空比有变化时，车辆控制装置根据 PWM 占空比实时调整车载充电机的输出功率，检测周期不应大于 5 s。

（8）正常条件下充电结束或停止。

1）在充电过程中，当达到车辆设置的结束条件或驾驶员对车辆实施了停止充电的指令时，车辆控制装置断开开关 S2，并使车载充电机处于停止充电状态。

2）在充电过程中，当达到操作人员设置的结束条件，操作人员对供电装置实施了停止充电的指令时，供电控制装置应能将控制开关 S1 切换到＋12 V 连接状态，当检测到 S2 开关断开时在 100 ms 内通过断开接触器 K1 和 K2 切断交流供电回路，超过 3 s 未检测到 S2 断开则可以强制带载断开接触器 K1 和 K2 切断交流供电回路。连接方式 B 时，供电接口电子锁在交流供电回路切断 100 ms 后解锁。

3. 故障分析（图 6.3）

（1）车辆外部设备故障。车辆充电时需要利用外部设备进行充电。充电的方式有充电桩快充和家用插座慢充两大类。

采用充电桩快充时，可能的设备故障是充电桩及线路故障，具体故障点包括充电桩自身故障、充电连接线故障、充电枪故障。

采用家用插座慢充时，可能的设备故障点则包括：充电插座故障、充电连接线故障、充电枪故障等。

（2）车辆VCU故障。车辆VCU发生故障也会使车辆产生充电异常现象。当车辆充电时，无论快充还是慢充，都需要VCU接收到充电连接信号和充电确认信号，VCU确认连接好后，通过总线和BMS进行通信，如果是快充，还需要快充继电器闭合后才能正常充电。

因此，当VCU故障时，车辆是不能正常充电的。车辆VCU故障主要原因有VCU没有上电、VCU通信故障和VCU损坏，充电连接信号和充电确认信号丢失等。

（3）车载充电机故障。当车载充电机发生故障时，也会发生充电异常现象。故障的主要原因可能是车载充电机电源故障、信号故障、车载充电机自身故障，这时需要对车载充电机进行进一步的检查。

（4）通信故障。纯电动汽车采用总线通信，当CAN总线发生故障时会导致充电不能唤醒，因此不能正常充电，常见的通信故障类型有总线终端电阻故障、总线线路故障，总线接口故障等。

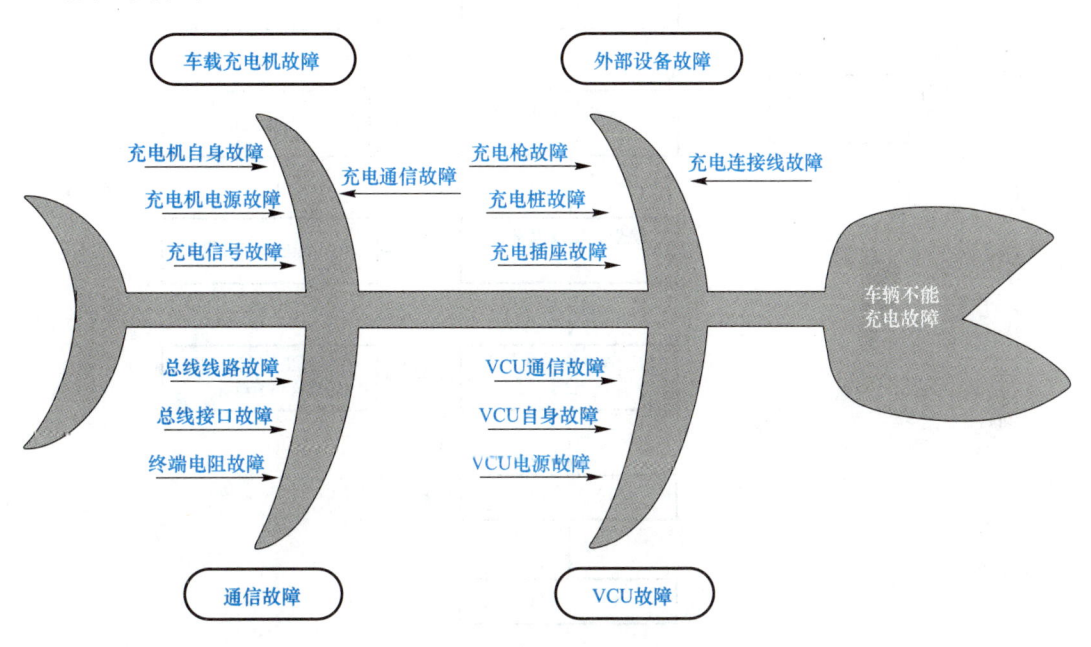

图6.3 充电可能故障原因

4. 故障诊断流程

当车辆发生充电设备异常故障时，一般需要遵循由简单到复杂的诊断流程。但一定要注意：当故障发生时，要判断故障是在车外还是车辆自身，首先检查外部充电设备是否正常，如果外部设备正常，则检查车辆设备自身故障。

以采用家用插座慢充为例，具体诊断流程如图 6.4 所示。可以看出，当车辆充电异常时：

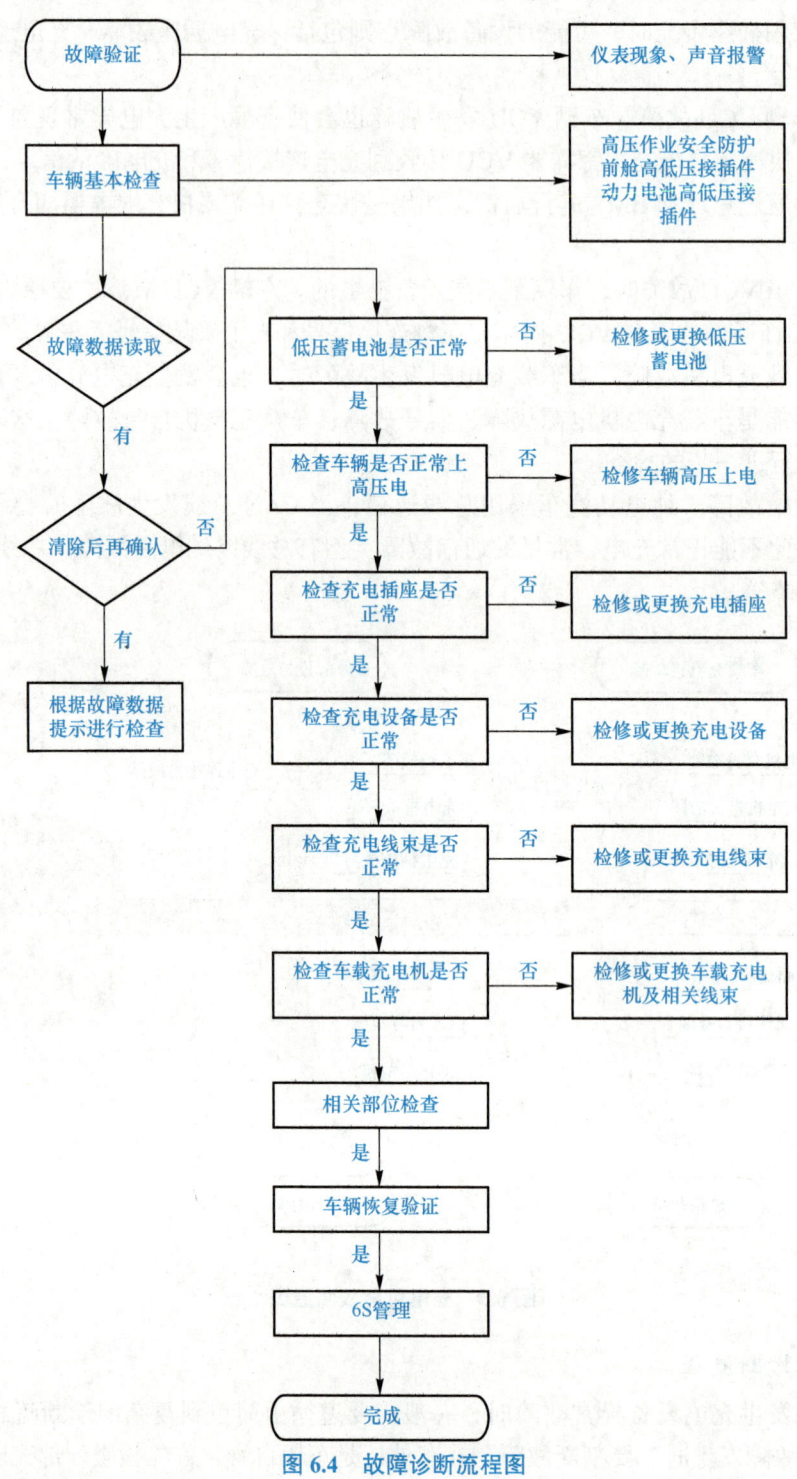

```
故障验证 ──────────────→ 仪表现象、声音报警
    │
    ↓
车辆基本检查 ──────────→ 高压作业安全防护
    │                    前舱高低压接插件
    │                    动力电池高低压接插件
    ↓
故障数据读取 ◇
    │有              ↓
    ↓         低压蓄电池是否正常 ──否──→ 检修或更换低压蓄电池
清除后再确认 ◇──否──→   │是
    │有           检查车辆是否正常上高压电 ──否──→ 检修车辆高压上电
    ↓                    │是
根据故障数据           检查充电插座是否正常 ──否──→ 检修或更换充电插座
提示进行检查              │是
                     检查充电设备是否正常 ──否──→ 检修或更换充电设备
                          │是
                     检查充电线束是否正常 ──否──→ 检修或更换充电线束
                          │是
                     检查车载充电机是否正常 ──否──→ 检修或更换车载充电机及相关线束
                          │是
                       相关部位检查
                          │是
                       车辆恢复验证
                          │是
                        6S管理
                          ↓
                         完成
```

图 6.4 故障诊断流程图

（1）进行车外的检查。检查插座是否正常供电，可用 220 V 供电的试灯（修车灯）等进行测试，如果灯正常点亮，则说明供电正常，否则更换电源。

（2）如果检查供电正常，则需要检查插座接地是否正常，可用万用表测量接地情况，接地不良则需更换插座后重新进行测试。

（3）如果检查插座无故障，则需要检查交流充电枪是否有故障。

（4）如果检查充电枪无故障，则需要检查连接车载充电机的线束和车载充电机是否正常。充电连接线可以采用测通断的方式来检查。

（5）如果检查车载充电机无故障，则需要检查充电信号线束是否正常。充电信号常见故障见表 6.5。

表 6.5 充电信号常见故障

序号	故障性质
1	车载充电机充电连接确认信号（CC）电路断路
2	车载充电机确认信号（CC）电路虚接
3	车载充电机确认信号（CC）电路短路
4	充电枪内部锁止开关故障
5	充电枪内部分压电阻故障
6	车载充电机 PE 接地故障

（6）如果检查充电信号线束无故障，则需要检查是否由于低压蓄电池亏电导致车上低压控制不能实现。

（7）以上检查完成后，仍不能进行充电，则要检查 VCU 是否有故障。VCU 故障检查较为复杂，需要进行专业检查。

（8）确定 VCU 无故障后，故障仍不能排除，则可怀疑是 BMS 故障或电池内部有故障，此类故障需要进行专业检查。

5. 故障诊断与修复

纯电动汽车充电信号异常故障的诊断、检测与修复过程由故障验证、车辆基本检查、读取诊断仪数据和线路及部件检修等步骤组成。

（1）故障验证。通过实车验证，故障现象与描述一致，连接充电枪，仪表显示充电指示灯、动力电池故障灯，车辆不能正常充电（图 5.11）。

（2）车辆基本检查。举升车辆，检查动力电池高、低压接插件处、PDU 充电高压接插件处，经检查接插件未出现松脱、断裂现象（图 5.12）。

（3）读取诊断仪数据。将专用诊断仪连接至车辆诊断接口，诊断仪显示"车载充电机（OBU）"模块，点击读取故障代码：P148402 CC 信号异常故障、P148801 CP 信号异常故障，如图 5.13 所示，经初步检查并分析，充电信号端子及线束出现故障，充电信号异常。

（4）插座检查。取数字万用表，校准后，检查插排接地线是否良好，正常（图6.5）。

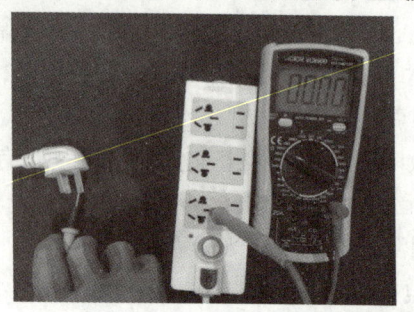

图6.5　插排接地线测量

（5）充电枪检查。检查充电设备完好，无损坏、破损，充电口电阻正常（图6.6）。

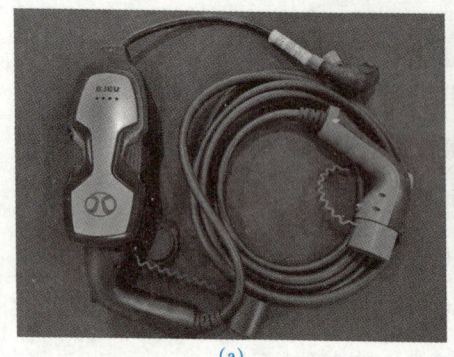

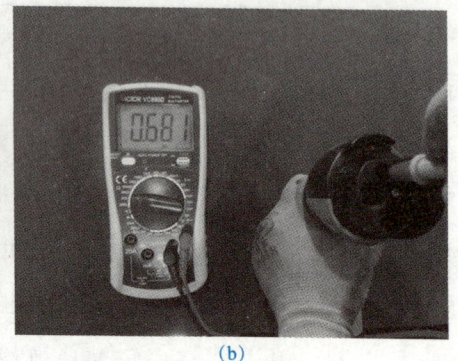

(a)　　　　　　　　　　　　(b)

图6.6　充电设备检查
(a) 充电设备检查；(b) CC与PE间电阻测量

（6）充电口检查。检查车辆充电口，无异物，充电端子正常（图5.14）。
（7）高压下电。断开蓄电池负极，等待5 min，等待车辆高压下电（图6.7）。
（8）充电信号检查。测量车辆充电口的CC、CP信号线与搭铁之间电阻，发现CC信号线与搭铁之间电阻值为0 Ω，异常（图6.8）。

图6.7　断开蓄电池负极　　　图6.8　CC与搭铁间检测

（9）恢复。恢复故障，连接充电枪，仪表显示正常，车辆能够正常充电（图5.18）。
（10）6S管理。

6. 故障案例分析

交流充电枪上的端子中，CC为充电连接确认，该引脚信号正常，说明充电枪和车身连接正常；当充电枪一端连接交流插座后，CC 端子和车身搭铁间电压为 12 V 左右，将充电枪插入慢充插口后，CC 端子和车身搭铁间电压降低到 2 V 以下，则表示和电动汽车 VCU 等连接成功，可以进行正常充电。

7. 总结

（1）车辆充电异常故障现象可分为车辆 READY 灯不亮、车辆不显示充电和车辆显示充电电流小三类。

（2）车辆不能正常充电的原因主要有车辆外部设备故障、车辆 VCU 故障、电池自身故障及通信故障四个。

（3）当车辆充电异常时，首先进行车外的检查，主要是外部交流电源、交流充电桩、交流充电枪等是否有故障，排除外围故障后，对车上充电插口、交流充电线、车载充电机、充电连接信号、蓄电池、VCU 及 BMS 等进行检查。

八、拓展学习

扫描二维码阅读相关内容。

吉利 EV450 充电信号 CP 异常故障

不同充电方式

任务七

动力电池状态异常故障诊断与排除

项目编号			成　绩	
姓　名			班　级	
日　期			教师签名	
教学目标	知识目标	1. 掌握动力电池状态信息监测原理； 2. 掌握动力电池状态异常故障分析方法	岗	对接纯电动汽车机电维修岗位典型工作任务"动力电池管理系统故障排除"
	能力目标	1. 能够根据故障诊断流程进行纯电动汽车动力电池状态异常故障的诊断； 2. 能够自主制订工作计划，严格按照企业实践操作规范，开展纯电动汽车动力电池状态异常故障诊断与排除	证	对接职业技能等级证书："新能源汽车动力驱动电机电池技术（高级）"模块技能要求"能诊断车辆不能上电的故障""能诊断因电池管理器的线束、连接器、端子损坏或断开引起的故障"
	素质目标	1. 树立高压作业安全防护意识； 2. 树立爱岗敬业，争做技术能手的意识	赛	前期准备，安全检查，仪器连接，故障现象确认，目视检查，读取故障代码与数据流，高压断电，非带电状态检测验证，动力电池管理系统的元器件测量与机械拆装，故障点确认和排除

一、情境描述

客户陈先生有一辆北汽 EC200 型号纯电动汽车，打算用车时，打开点火开关，仪表显示系统故障警告灯、动力电池故障警告灯，SOC 为 0%，不显示续航里程，车辆 READY 灯不亮，车辆无法上高压电。随即陈先生将车辆送至纯电动汽车服务站，维修技师刘师傅负责对车辆进行故障诊断与排除。

二、任务分组

（1）全班分成若干组，每组固定人数，由教师指定工位并布置任务；
（2）每组从接到任务书起，由组长安排组内分工，完成工作任务；
（3）实训时需经组长报告教师并经教师同意后方可开始；
（4）实训过程中教师考核学生知识应用能力及安全文明、团队合作等职业素养。

学生任务分配表

班级		组号		指导教师	
组长		学号			
组员	姓名		学号		任务分工

三、获取资讯

引导问题 1：写出动力电池状态参数。

引导问题 2：写出不同动力电池状态参数检测装置。

_____

_____

_____

_____

引导问题 3：写出不同动力电池状态参数检测装置的检测方式。

动力电池状态参数检测装置的检测方式

状态参数	检测方式（结合文字和绘制说明）

引导问题 4：绘制动力电池状态参数监测系统结构图。

动力电池状态参数监测系统结构图

引导问题 5：写出纯电动汽车动力电池状态参数信号传递方式。

_____

_____

_____

_____

_____

引导问题 6：绘制纯电动汽车动力电池状态参数信号传递系统结构图。

动力电池状态参数信号传递系统结构图

引导问题 7：写出纯电动汽车动力电池状态参数信号传递工作原理。

_____

_____

_____

_____

_____

引导问题 8：绘制纯电动汽车动力电池管理系统传递电池信息波形。

波形测量

波形名称	标准波形（注意单位）	实测波形（注意单位）

引导问题 9：导致动力电池状态异常故障的主要原因。

_____

_____

_____

_____

_____

引导问题 10：分析导致故障现象原因，绘制动力电池状态异常故障原因树状图。

故障原因树状图

四、计划决策

引导问题1：请写出纯电动汽车动力电池状态异常故障诊断与排除步骤的作业项目和操作要点。

故障诊断与排除

序号	作业项目	操作要点	备注
1			
2			
3			
4			
5			
6			
7			
8			
9			
10			
11			
12			

引导问题2：请写出故障诊断与排除过程中使用的检测设备、工具、材料清单。

检测设备、工具、材料清单

序号	名称	数量	型号/特征参数/组成	符合要求
1				
2				
3				
4				
5				
6				
7				
8				
9				
10				
11				
12				

引导问题3：请勾选实操过程中需要注意的事项，如有增加，可在表格空白处填写。

注意事项

序号	注意事项	选择
1	实训开始前应摘掉饰品，换上实训服，长头发应挽起固定于脑后	□是　□否
2	实训前检查仪表工具状态良好，使用后应立即清理	□是　□否
3	仪表使用后应随时打到OFF位，防止仪表受损	□是　□否
4	操作汽车举升机时应严格按照举升机操作规范进行作业	□是　□否
5	车辆底部实训操作时，应佩戴安全帽	□是　□否
6	整车实训时确保钥匙开关处于LOCK，操作另有要求除外	□是　□否
7	车辆操作时，应施加驻车制动，除非有特定操作要求，置于其他挡位	□是　□否
8		
9		
10		
11		
12		
13		
14		
15		
16		

引导问题4：计划完成后，由教师进行审核，确定是否可以实施。

计划审核

计划审核	审核意见： 　　　　　　　　　　　　　　　　　年　月　日　签字

五、工作实施

引导问题1：请完成纯电动汽车维修作业前高压作业个人安全防护并填写高压作业个人安全防护用具检查记录表。

高压作业安全防护

高压作业个人安全防护用具检查记录表

（1）检查绝缘手套的气密性		
	绝缘防护电压	
	漏电电流	
	气密性检查方法	
	检查结果	□良好　　□漏气

（2）检查绝缘鞋、护目镜和安全帽外观是否完好		
绝缘鞋外观检查	护目镜外观检查	安全帽外观检查
□良好　　□破损	□良好　　□破损	□良好　　□破损

（3）穿戴高压个人防护用具

1）穿上维修工服和绝缘鞋

	维修工服穿戴注意事项：
	穿维修工服的作用：
	绝缘鞋穿戴注意事项：
	穿绝缘鞋的作用：

续表

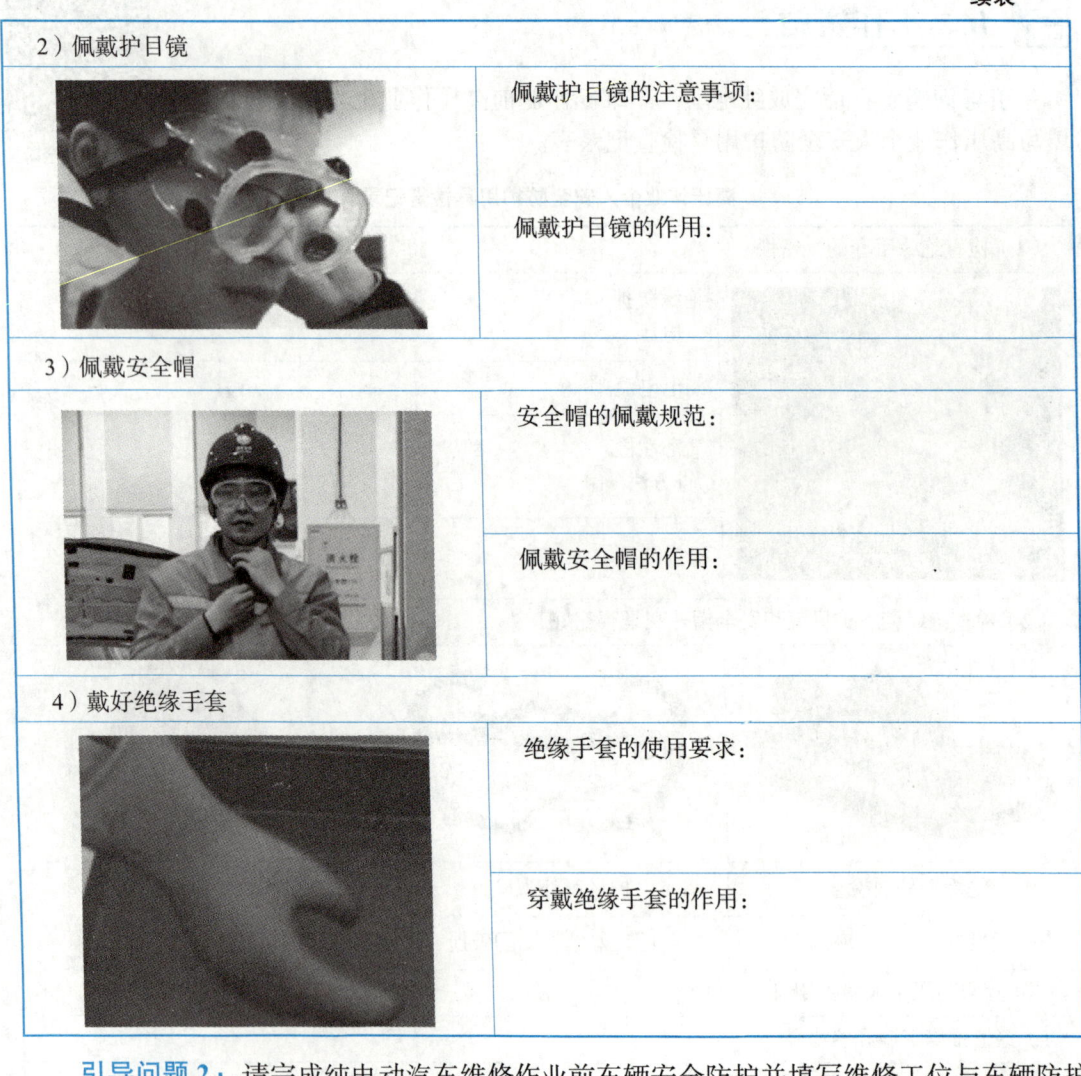

2）佩戴护目镜	
	佩戴护目镜的注意事项：
	佩戴护目镜的作用：
3）佩戴安全帽	
	安全帽的佩戴规范：
	佩戴安全帽的作用：
4）戴好绝缘手套	
	绝缘手套的使用要求：
	穿戴绝缘手套的作用：

引导问题2：请完成纯电动汽车维修作业前车辆安全防护并填写维修工位与车辆防护记录表。

维修工位与车辆防护记录表

（1）车辆检查及防护		
1）检查车辆停放位置是否合适		
	车辆距双柱距离是否均匀	左右：□是　□否 前后：□是　□否
	支点数量	
	是否对齐	□是　□否

续表

2）安装车内三件套		
	三件套名称	
	安装顺序	
	铺设三件套的原因	
3）检查驻车制动器及挡位位置		
	驻车制动器状态	□落下　　□提起
	挡位位置	□R挡　□N挡　□D挡　□E挡
	注意事项	
4）安放车轮挡块		
	挡块数量	□1　　□2　　□3　　□4
	车轮挡块安放位置	
	安放挡块原因	
5）在维修工位周围布置警戒带		
	操作对象	
	与车辆距离参考值	前：　　　　后： 左：　　　　右：
	布置警戒带的原因	
6）放置危险警示牌		
	警示牌放置位置	□前机舱盖　□车顶　□地面
	放置警示牌的作用	
	说明：	

续表

7）铺设翼子板防护垫		
	翼子板防护垫数量	□1 □2 □3 □4
	铺设翼子板防护垫的原因：	

（2）维修工具检查

	需要检查的绝缘维修工具	
	绝缘防护电压	
	外观	□良好　　□破损

（3）绝缘垫检查

	外观检查	□砂眼　□老化　□厚度　□破裂 □其他
	绝缘电阻测试	
	说明	

（4）灭火器器材检查

	灭火器有效期检查	□是　　□否
	灭火器部件检查	压力指示检查：　□是　□否 喷射软管的检查：□是　□否 保险机构的检查：□是　□否 标识的检查：　　□是　□否 外观检查：　　　□是　□否

引导问题 3：请完成纯电动汽车检修前的车辆基本检查并完成下表。

基本检查

辅助蓄电池电压	电压值：_____V	□正常　□异常
高压部件安装		□正常　□异常
连接器连接情况		□正常　□异常

任务七 动力电池状态异常故障诊断与排除

引导问题 4：请完成纯电动汽车故障现象确认并填写故障现象确认表。

故障现象确认表

| 点火钥匙位置：□START □ON □ACC □LOCK |
| READY 指示灯：□熄灭 □点亮　　续航里程：_____km |
| 挡位情况：□R挡 □N挡 □D挡 □E挡　　动力电池电压：_____V |
| 仪表显示：_____ |

引导问题 5：请使用专用解码仪读取纯电动汽车动力电池状态异常故障产生的故障代码并完成下表。

故障代码

故障代码	□有	□无
序号	故障代码	含义
1		
2		
3		
4		

引导问题 6：请使用专用解码仪读取纯电动汽车动力电池状态异常故障产生的相关数据流并完成下表。

数据流

序号	数据流名称	标准值	实测值	判定
1				
2				
3				
4				
5				
6				
7				
8				
9				

引导问题 7：根据专用解码仪读取的故障代码与数据流，分析可能的故障原因并完成下表。

故障原因分析

器件故障	
信号故障	
模块故障	
总线故障	
线束故障	
其他故障	

故障类型：熔断器、CAN 总线、供电电源、搭铁、继电器、线束、控制信号、BMS（电池管理系统）、VCU 熔断器、单体电池

故障原因分析

引导问题 8：根据已分析故障可能产生的原因，写出故障排除的相关内容。

故障排除

追求卓越　　故障排除

序号	测量条件	测量部件	测量部位	标准值	实测值	判定
1						
2						
3						
4						
5						
6						
7						
8						
9						
10						

小提示：参考如下填写方式。

参考填写方式

序号	测量条件	测量部件	测量部位	标准值	实测值	判定
1	ON 挡	熔断器	上端对地电压	12 V	12 V	正常/异常

引导问题 9：根据确定故障部位，分析导致故障现象的机理。

_____

_____

_____

故障总结

引导问题 10：根据确定故障部位，确定故障诊断结论并完成下表。

诊断结论

诊断结论	器件故障	□熔断器	□元器件	□继电器	其他
	器件编号				
	线路故障	□断路	□虚接	□对正极短路	其他
	线路区间				
	线路故障	□对负极短路	□线路混搭		其他
	线路区间				
	部件故障				

引导问题 11：请在纯电动汽车驱动力电池电流传感器故障排除后，验证车辆。
（1）打开点火开关读取车辆仪表信息，并完成下表。

现象验证

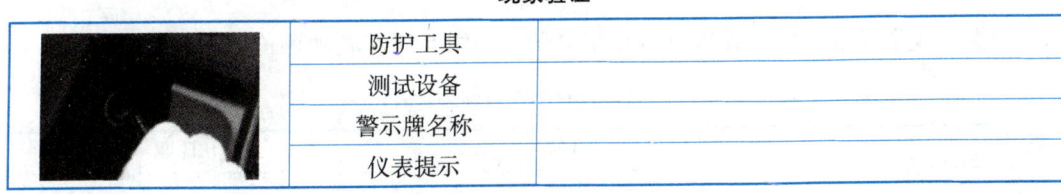

防护工具	
测试设备	
警示牌名称	
仪表提示	

（2）连接解码仪，查询故障码并完成下表。

故障代码验证

故障代码	□有	□无
序号	故障代码	含义
1		
2		
3		
4		
5		

（3）读取数据流并完成下表。

数据流验证

序号	数据流名称	标准值	实测值	判定
1				
2				
3				
4				
5				

引导问题 12：纯电动汽车故障诊断与排除后，写出需要维修人员完成的工作内容。

_____

_____

_____

_____

_____

注：以上实操内容根据工位实际情况填写，若无，则不填。

六、评价反馈

根据学生活动过程中的表现进行小组自评、小组互评和教师评价。

活动过程小组自评表

班级		组名		日期	
评价指标	评价要求			分数	分数评定
信息资讯	能够利用网络资源、车辆维修手册、学习信息页查找有效信息			10	
	能够用自己的语言清晰、有条理地回答课堂问题				
	能够有效地将搜索的知识转换到课堂学习中				
职业素养	能够熟悉自己的任务分工，认同自己的劳动价值			10	
	能够在实训过程中清晰认识到纯电动汽车维修安全要求				
	能够有效提高个人的高压危险作业防护意识				
思政素养	能够通过思政讨论、思政点背景查询，清晰理解"爱岗敬业，争做技术能手"深入内涵			10	

续表

评价指标	评价要求	分数	分数评定
课堂参与	与教师之间能够保持尊重、理解、平等的交流	10	
	与同学之间能够保持多向、丰富、适当的信息交流		
	能够自主学习，不流于形式，独立思考问题，做到有效学习	10	
	能够针对课堂问题提出建设性意见或看法		
	能够按照实操要求规范操作		
	实训小组内部能够协同操作		
学习能力	能够独立或小组协作使用课程资源自主学习	10	
	能够独立或小组协作计划决策，体现思维逻辑性、有效性		
	能够获得进一步发展的能力		
技能实操	遵守实训室管理规定、个人实训着装规定	15	
	遵守实训过程操作规范要求		
	遵守实训设备使用操作规范，不违规操作设备		
	能够保证课堂出勤，做到不迟到不早退		
	能够积极参与课堂活动，积极完成任务工单		
	能够多角度思考问题，主动发现、提出有价值的问题		
思维状态	能够发现问题、提出问题、分析问题、解决问题、创新问题	10	
评价反馈	能够按时按质完成工作任务	15	
	能够掌握碎片化专业知识点		
	具有较强的信息分析能力和理解能力；具有较为全面、严谨的思维能力，并能清晰表达		
	自评分数		
有益的经验和做法			
总结反思建议			

活动过程小组互评表

班级		组名		日期	
评价指标	评价要求			分数	分数评定
信息资讯	该组能够利用网络资源、车辆维修手册、学习信息页查找有效信息			10	
	该组能够用自己的语言清晰、有条理地回答课堂问题				
	该组能够有效地将搜索的知识转换到课堂学习中				

续表

评价指标	评价要求	分数	分数评定
职业素养	该组能够熟悉自己的任务分工，认同自己的劳动价值	10	
	该组能够在实训过程中清晰认识到纯电动汽车维修安全要求		
	该组能够有效提高高压危险作业防护意识		
思政素养	该组能够通过思政讨论、思政点背景查询，清晰理解"爱岗敬业，争做技术能手"深入内涵	10	
课堂参与	该组与教师之间能够保持尊重、理解、平等的交流	10	
	该组同学之间能够保持多向、丰富、适当的信息交流		
	该组能够自主学习，不流于形式，独立思考问题，做到有效学习	10	
	该组能够针对课堂问题提出建设性意见或看法		
	该组能够按照实操要求规范操作		
	实训小组内部能够协同操作		
学习能力	该组能够独立或小组之间协作使用课程资源自主学习	10	
	该组能够独立或小组之间协作计划决策，体现思维逻辑性、有效性		
	该组能够获得进一步发展的能力		
技能实操	该组遵守实训室管理规定、个人实训着装规定	15	
	该组遵守实训过程操作规范要求		
	该组遵守实训设备使用操作规范，不违规操作设备		
	该组能够保证课堂出勤，做到不迟到不早退		
	该组能够积极参与课堂活动，积极完成任务工单		
	该组能够多角度思考问题，主动发现、提出有价值的问题		
思维状态	该组能够发现问题、提出问题、分析问题、解决问题、创新问题	10	
评价反馈	该组能够按时按质完成工作任务	15	
	该组能够掌握碎片化专业知识点		
	该组具有较强的信息分析能力和理解能力；具有较为全面、严谨的思维能力，并能清晰表达		
互评分数			
简要评述			

教师评价表

班级		组名		日期		
出勤						
		评价要求		分数	分数评定	
一	任务描述、接受任务	口述任务内容细节	表述仪态自然、吐字清晰	2	表述仪态不自然或吐字模糊扣1分	
			表达思路清晰、层次分明、准确		表达思路模糊或层次不清扣1分	
二	任务分析、任务分工	分析操作流程，分组分工	操作流程关键点分析准确	3	操作流程关键点分析不准确扣1分	
			知识回顾完整，分组分工明确		知识回顾不完整扣1分，分组分工不明确扣1分	
三	计划决策	操作流程	合理、可执行、完整	5	1处不合理扣1分，扣完为止；不能执行、不完整，扣5分	
		设备、工具、材料	设备、工具、材料准备齐全	3	设备、工具、材料缺1个，扣1分，扣完为止	
四	课程思政	思政背景 思政感悟	背景基础扎实、发展历程清晰、感悟能够内化、指导实践	10	表述仪态不自然或吐字模糊扣1分，观点不清晰扣1分，扣完为止	
五	工作实施	高压作业个人安全防护用具检查、使用	设备、工具、材料准备	3	每漏1项扣1分，扣完为止	
			资料准备	2	实操期间缺失1项扣1分，扣完为止	
			正确检查、佩戴防护用具	5	每错1项扣1分，扣完为止	
		维修工位与车辆防护	设备、工具、材料准备	2	每漏1项扣1分，扣完为止	
			正确进行工位与车辆防护检查与布置	10	每错1项扣1分，扣完为止	
		车辆高压下电	高压下电流程安全、合理	10	1处不合理扣1分，扣完为止	
		故障排除	规范准确读取数据	10	每次不规范操作扣1分；每读取错误数据1次扣1分	
			准确、规范检查动力电池管理系统供电线路	15	每次不规范操作扣1分；检查错误分数扣完	
		现场恢复	保证6S、三步落地	3	每漏1项扣1分，扣完为止	
			设备、工具、材料、车辆恢复整理	2	每违反1项扣1分，扣完为止	

续表

评价要求			分数	分数评定	
六	总结	任务总结			
		依据自评表分数	2		
		依据互评表分数	3		
		依据个人总结评价	10	依据内容酌情给分	
合计			100		

七、相关知识点

1. 动力电池信息显示原理

电池状态显示异常是指在仪表盘或中控台上没有正确地将电池的信息显示出来。正常情况下仪表可以显示电池的电压、剩余电量、输出电流大小、平均电耗、总里程、续航里程等。电池状态显示异常时,一般不能正常显示电池的电压、剩余电量灯参数,一般这类故障并不是由电池自身故障导致的,而是由BMS故障、VCU故障、母线故障、绝缘故障及总线故障等导致的。

电池状态显示的媒介是仪表盘,当电池状态信号不能正确传输到仪表盘时,都会引起电池状态显示异常。信息传输过程如图7.1所示。

由图7.1可以看出,电池的信息首先通过电池的内部CAN总线发送到BMS的通信接口,然后通过新能源CAN总线把信息传输给VCU,VCU进行处理后,将信息通过传统CAN总线传输给仪表盘进行显示。

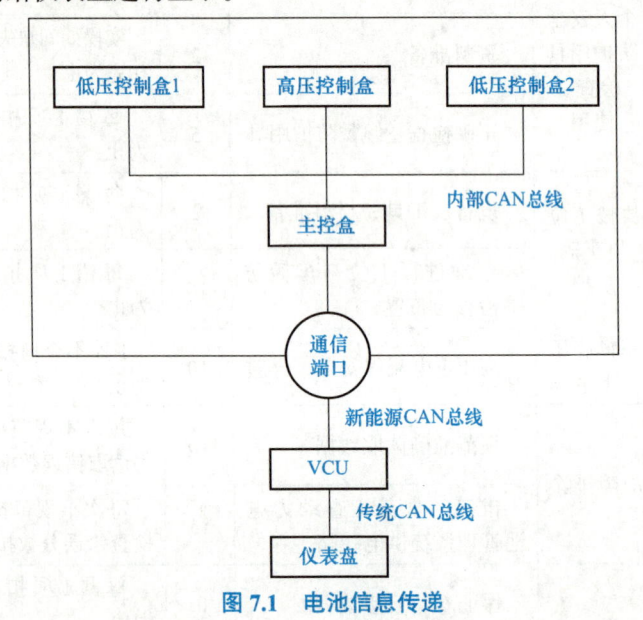

图 7.1 电池信息传递

2. 故障原因分析

如果仪表盘没有正确地将电池状态显示出来,则故障点包含信息的所有传输环节。

电池状态显示异常的故障点分析如图 7.2 所示。

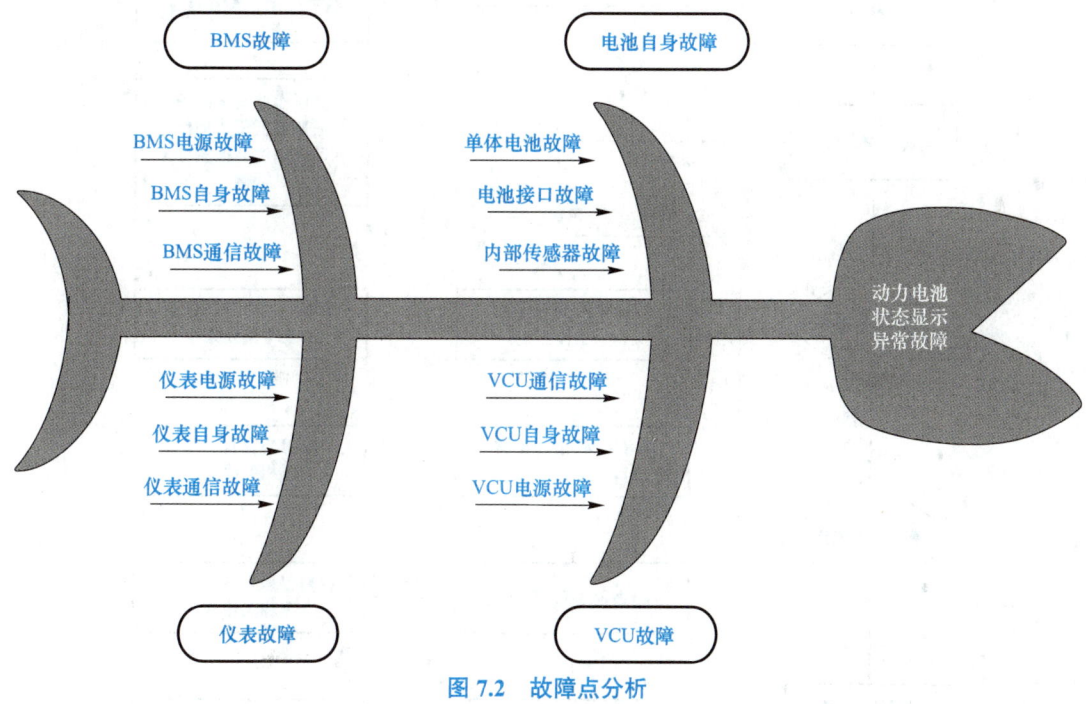

图 7.2 故障点分析

由图 7.2 可以看出，BMS 故障主要包含 BMS 电源故障、BMS 自身故障和 BMS 通信故障。BMS 电源故障往往是由 BMS 供电线路故障导致的，例如，供电线路断路、熔断器断开等，当出现该类故障时，需要对线路进行进一步的检查以确定故障点位置。BMS 自身故障一般是由外部原因导致的 BMS 内部元器件损坏、内部线路故障等，该类故障一般不好进行判断，如果对其他故障进行排除后，仍不能解决故障，则可以认为 BMS 自身故障。BMS 故障也可能是由 BMS 没有正常接地导致的。BMS 利用外部 12 V 电源进行供电，当其没有正常接地时，BMS 也不能正常工作。

VCU 出现故障时，也会出现动力电池状态显示异常。VCU 利用蓄电池或 DC/DC 变换器进行供电，当供电出现异常时，电池状态也不能正常显示。另外，VCU 通过新能源 CAN 总线和 BMS 进行通信，当通信出现异常时，电池状态也不能正常显示。VCU 通过传统 CAN 总线和仪表盘进行通信，当通信出现异常时，仪表盘也不能正常显示动力电池信息。

当电池自身出现故障时，显示的电池状态为电池的异常状况。故障点主要包括电池接口故障和电池内部故障。内部故障又可以分为单体电池故障和内部传感器故障两类。

当仪表故障时，仪表不能接收 VCU 的信息，仪表按照出厂设置，报故障代码，显示动力电池异常断开，但需要注意的是，动力电池、VCU 及总线均正常，采用故障诊断仪读取模块数据，能够正常读取 VCU 和 BMS 模块，数据正常，但仪表仍显示错误。

3. 故障诊断流程

动力电池状态异常故障诊断流程如图 7.3 所示，应严格按照此流程排除系统故障。

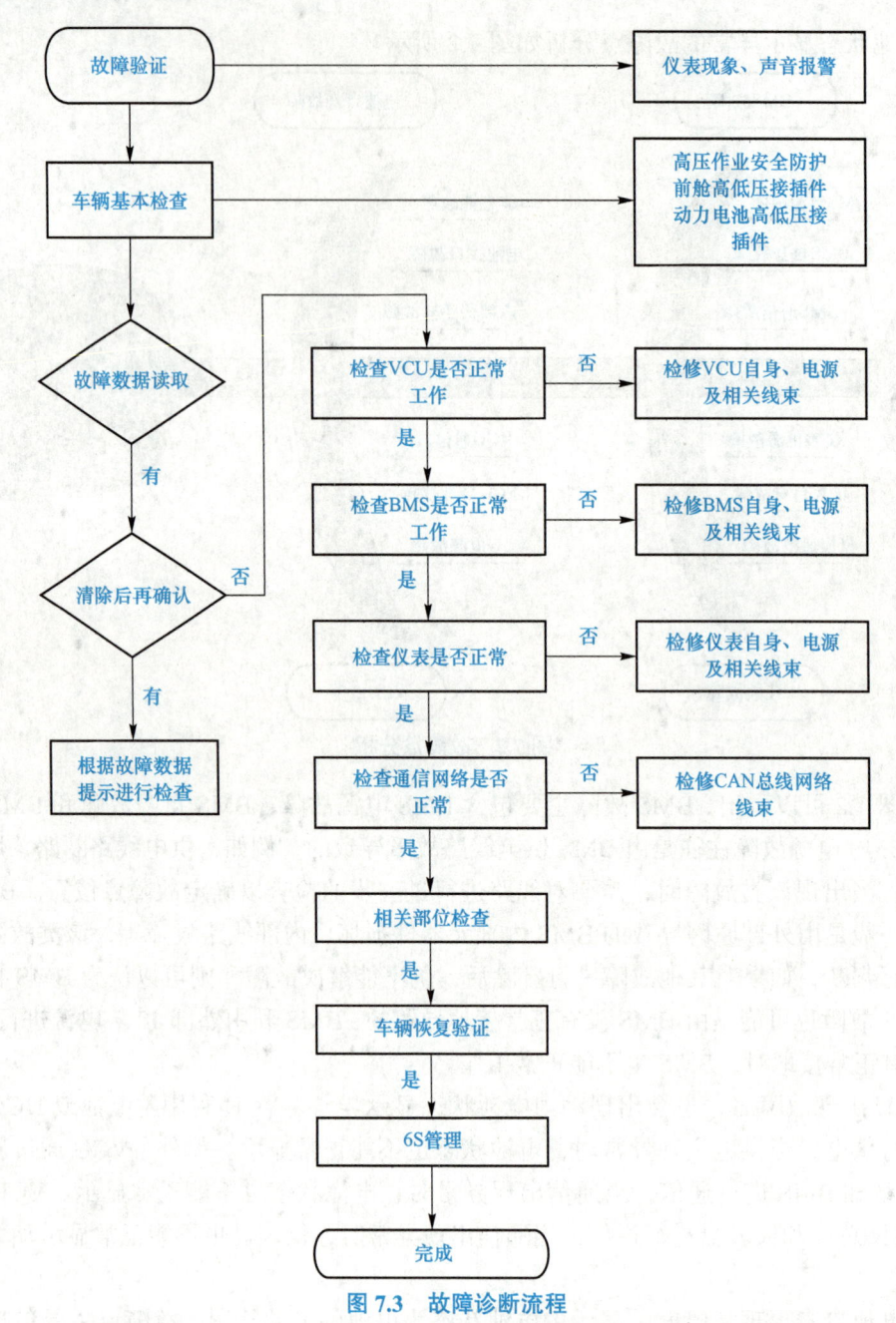

```
┌─────────┐                    ┌──────────────┐
│ 故障验证 │───────────────────→│仪表现象、声音报警│
└────┬────┘                    └──────────────┘
     ↓
┌─────────┐                    ┌──────────────┐
│车辆基本检查│───────────────────→│高压作业安全防护│
└────┬────┘                    │前舱高低压接插件│
     ↓                         │动力电池高低压接│
┌─────────┐                    │插件          │
│故障数据读取│                    └──────────────┘
└────┬────┘
```

图 7.3　故障诊断流程

4. 故障诊断与修复

纯电动汽车动力电池状态异常故障的诊断、检测与修复过程由故障验证、车辆基本检查、诊断仪读取数据和线路及部件检修等步骤组成。

（1）故障验证。通过实车验证，故障现象与描述一致，仪表显示系统故障警告灯，动力电池故障警告灯，SOC 为 0%，不显示续航里程，车辆 READY 灯不亮，车辆无法上高压电，如图 7.4 所示。

任务七 >>> 动力电池状态异常故障诊断与排除

图 7.4 仪表故障显示

（2）车辆基本检查。检查前舱高低压接插件、动力电池高低压接插件是否可靠连接，经检查插头处的信号线未出现松脱、断裂现象（图 7.5）。

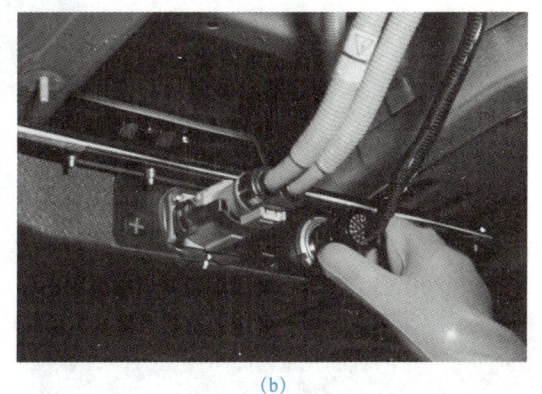

(a)　　　　　　　　　　　　　　(b)

图 7.5 接插件检查
(a) 前舱高低压接插件检查；(b) 动力电池高低压接插件检查

（3）读取诊断仪数据。将北汽专用诊断仪连接至车辆诊断接口，诊断仪显示"整车控制器（VCU）"模块，点击读取故障代码：U011187 与 BMS 通信丢失、P103804 BCU/BMS 自检异常（初始化）、P101221 SOC 太低报警。点击"动力电池管理系统（BMS）"模块，诊断仪提示"与汽车电脑连接失败！"，经初步检查并分析，动力电池管理系统及线束出现故障，动力电池直流母线电流信号异常，如图 7.6 所示。

(a)　　　　　　　　　　　　　　(b)

图 7.6 车辆故障数据
(a) 整车控制器（VCU）数据；(b) 动力电池管理系统数据

（4）电源检查。由于仪表不显示动力电池信息，且诊断仪不能进入 BMS 模块读取数据信息，可能 BMS 未工作或 CAN 网络出现故障。因此，举升车辆，将万用表插入动力电池低压接插件的 U22/B 引脚，测量 U22/B 对地电压，测量值为 0 V，异常（图 7.7）。

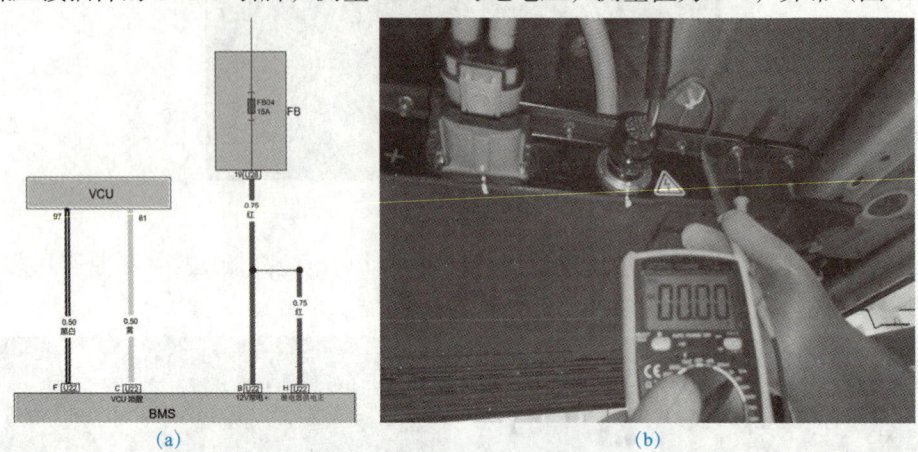

图 7.7　动力电池系统供电检测
(a) 连接电路图；(b) 动力电池系统供电测量

（5）电压参数检查。打开前舱熔断器盒，测量 BMS 供电熔断器 FB04 电源侧电压值为 12 V，正常；负载侧电压值为 0 V，异常（图 7.8）。

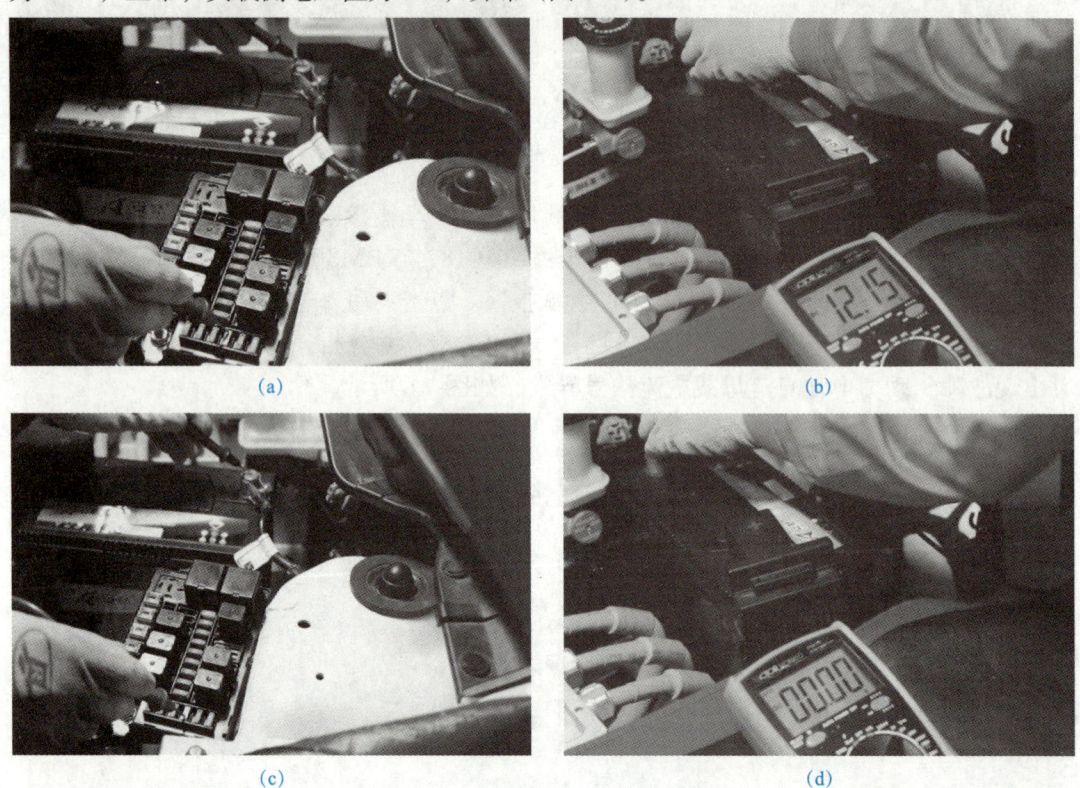

图 7.8　动力电池系统供电检测
(a) FB04 熔断器电源侧电压测量；(b) 测量结果；(c) FB04 熔断器负载侧电压测量；(d) 测量结果

（6）元器件检查。取下 FB04 熔断丝，测量其两端电阻值，为无穷大，异常（图 7.9）。

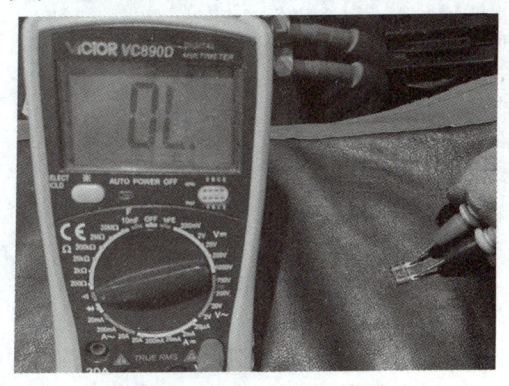

图 7.9　FB04 熔断丝检测

（7）恢复。更换 FB04 熔断丝后，车辆上电，仪表显示正常，车辆正常上电（图 7.10）。

图 7.10　仪表现象

（8）6S 管理。

5. 故障案例分析

BMS 由低压蓄电池或 DC/DC 变换器供电，FB13 和 FB14 熔断器断路时，动力电池管理系统没有正常供电，因此 BMS 未能正常工作，电池的所有信息送达 BMS 后，BMS 没有进行处理，信息也没有能够通过总线传递给 VCU，因此仪表不能正确获取电池信息并显示。

八、拓展学习

扫描二维码阅读相关内容。

吉利 EV450 动力电池 BMS 电源故障

新技术——氢能源电池

任务八

动力电池异常断开故障诊断与排除

项目编号				成　绩	
姓　名				班　级	
日　期				教师签名	
教学目标	知识目标	1. 掌握动力电池异常断开故障原因； 2. 掌握动力电池异常断开诊断流程		岗	对接纯电动汽车机电维修岗位典型工作任务"动力电池管理系统故障排除"
	能力目标	1. 能够根据故障诊断流程进行纯电动汽车动力电池异常断开故障的诊断； 2. 能够自主制订工作计划，严格按照企业实践操作规范，开展纯电动汽车动力电池异常断开故障诊断与排除		证	对接职业技能等级证书："新能源汽车动力驱动电机电池技术（高级）"模块技能要求"能诊断车辆不能上电的故障""能诊断因电池管理器的线束、连接器、端子损坏或断开引起的故障""能检测电池管理器通信波形，分析波形异常原因"
	素质目标	1. 树立正确规范操作意识； 2. 树立爱岗敬业、做企业螺丝钉的意识		赛	前期准备，安全检查，仪器连接，故障现象确认，目视检查，读取故障代码与数据流，高压断电，非带电状态检测验证，动力电池管理系统的元器件测量与机械拆装，故障点确认和排除

任务八 动力电池异常断开故障诊断与排除

一、情境描述

客户陈先生打算用车时，打开点火开关，屏幕顶部显示系统故障警告灯、动力电池故障警告灯，SOC 为 0%，不显示续航里程，车辆 READY 灯不亮，车辆无法上高压电。随即陈先生将车辆送至纯电动汽车服务站，维修技师刘师傅负责对车辆进行故障诊断与维修。

二、任务分组

（1）全班分成若干组，每组固定人数，由教师指定工位并布置任务；
（2）每组从接到任务书起，由组长安排组内分工，完成工作任务；
（3）实训时需经组长报告教师并经教师同意后方可开始；
（4）实训过程中教师考核学生知识应用能力、安全文明、团队合作等职业素养。

学生任务分配表

班级		组号		指导教师	
组长		学号			
组员	姓名		学号		任务分工

三、获取资讯

引导问题 1：请绘制纯电动汽车动力电池管理系统 BMS 的电路原理图。

动力电池管理系统 BMS 的电路原理图

引导问题 2：请绘制纯电动汽车电池总线信息传递信号类型波形。

信号测量

波形名称	标准波形（注意单位）	实测波形（请圈出异常位置）

波形名称	标准波形（注意单位）	实测波形（请圈出异常位置）

引导问题 3：请写出仪表显示动力电池断开异常现象的主要原因。

_____

_____

_____

引导问题 4：根据故障现象分析原因，绘制动力电池异常断开故障原因树状图。

故障原因树状图

四、计划决策

引导问题 1：请写出纯电动汽车动力电池异常断开故障诊断与排除步骤的作业项目和操作要点。

计划表

序号	作业项目	操作要点	备注
1			
2			
3			
4			
5			
6			
7			
8			
9			
10			
11			
12			

引导问题 2：请写出故障诊断与排除过程中使用的检测设备、工具、材料清单。

检测设备、工具、材料清单

序号	名称	数量	型号 / 特征参数 / 组成	符合要求
1				
2				
3				
4				
5				
6				
7				
8				
9				
10				
11				
12				

续表

序号	名称	数量	型号/特征参数/组成	符合要求
13				
14				
15				
16				
17				
18				

引导问题 3：请勾选实操过程中需要注意的事项，如有增加，可在表格空白处填写。

注意事项

序号	注意事项	选择
1	实训开始前应摘掉饰品，换上实训服，长头发应挽起固定于脑后	□是　□否
2	实训前检查仪表工具状态良好，使用后应立即清理	□是　□否
3	仪表使用后应随时打到 OFF 位，防止仪表受损	□是　□否
4	操作汽车举升机时应严格按照举升机操作规范进行作业	□是　□否
5	车辆底部实训操作时，应佩戴安全帽	□是　□否
6	整车实训时确保钥匙开关处于 LOCK，操作另有要求除外	□是　□否
7	车辆操作时，应施加驻车制动，除非有特定操作要求，置于其他挡位	□是　□否
8		
9		
10		
11		
12		

引导问题 4：计划完成后，由教师进行审核，确定是否可以实施。

计划审核

计划审核	审核意见： 　　　　　　　　　　　　　　　　　年　月　日　签字

五、工作实施

引导问题1： 请完成纯电动汽车维修作业前高压作业个人安全防护并填写高压作业个人安全防护用具检查记录表。

高压作业安全防护

高压作业个人安全防护用具检查记录表

（1）检查绝缘手套的气密性		
	绝缘防护电压	
	漏电电流	
	气密性检查方法	
	检查结果	□良好　　□漏气

（2）检查绝缘鞋、护目镜和安全帽外观是否完好

绝缘鞋外观检查	护目镜外观检查	安全帽外观检查
□良好　　□破损	□良好　　□破损	□良好　　□破损

（3）穿戴高压个人防护用具

1）穿上维修工服和绝缘鞋

	维修工服穿戴注意事项：
	穿维修工服的作用：
	绝缘鞋穿戴注意事项：
	穿绝缘鞋的作用：

续表

2）佩戴护目镜		
	佩戴护目镜的注意事项：	
	佩戴护目镜的作用：	
3）佩戴安全帽		
	安全帽的佩戴规范：	
	佩戴安全帽的作用：	
4）戴好绝缘手套		
	绝缘手套的使用要求：	
	穿戴绝缘手套的作用：	

引导问题 2： 请完成纯电动汽车维修作业前车辆安全防护并填写维修工位与车辆防护记录表。

维修工位与车辆防护记录表

（1）车辆检查及防护		
1）检查车辆停放位置是否合适		
	车辆距双柱距离是否均匀	左右：□是 □否 前后：□是 □否
	支点数量	
	是否对齐	□是 □否

续表

2）安装车内三件套		
	三件套名称	
	安装顺序	
	铺设三件套的原因	

3）检查驻车制动器及挡位位置		
	驻车制动器状态	□落下　　□提起
	挡位位置	□R挡　　□N挡　　□D挡　　□E挡
	注意事项	

4）安放车轮挡块		
	挡块数量	□1　　□2　　□3　　□4
	车轮挡块安放位置	
	安放挡块原因	

5）在维修工位周围布置警戒带		
	操作对象	
	与车辆距离参考值	前：　　　　　后： 左：　　　　　右：
	布置警戒带的原因	

6）放置危险警示牌		
	警示牌放置位置	□前机舱盖　　□车顶　　□地面
	放置警示牌的作用	
	说明：	

续表

7）铺设翼子板防护垫		
	翼子板防护垫数量	□1　□2　□3　□4
	铺设翼子板防护垫的原因：	

（2）维修工具检查		
	需要检查的绝缘维修工具	
	绝缘防护电压	
	外观	□良好　　□破损

（3）绝缘垫检查		
	外观检查	□砂眼　　□老化　　□厚度　　□破裂 □其他
	绝缘电阻测试	
	说明	

（4）灭火器材检查		
	灭火器有效期检查	□是　　□否
	灭火器部件检查	压力指示检查：　　□是　　□否 喷射软管的检查：　□是　　□否 保险机构的检查：　□是　　□否 标识的检查：　　　□是　　□否 外观检查：　　　　□是　　□否

引导问题3： 请完成纯电动汽车检修前的车辆基本检查并完成下表。

基本检查

辅助蓄电池电压	电压值：_____V	□正常	□异常
高压部件安装		□正常	□异常
连接器连接情况		□正常	□异常

引导问题 4：请完成纯电动汽车故障现象确认并填写故障现象确认表。

故障现象

故障现象确认表

点火钥匙位置：□START □ON □ACC □LOCK	
READY 指示灯：□熄灭 □点亮	续航里程：_____km
挡位情况：□R 挡 □N 挡 □D 挡 □E 挡	动力电池电压：_____V
仪表显示：_____	

引导问题 5：请使用专用解码仪读取纯电动汽车动力电池状态异常故障产生的故障代码并完成下表。

数据读取

故障代码

故障代码	□有	□无
序号	故障代码	含义
1		
2		
3		
4		
5		

引导问题 6：请使用专用解码仪读取纯电动汽车动力电池状态异常故障产生的相关数据流并完成下表。

数据流

序号	数据流名称	标准值	实测值	判定
1				
2				
3				
4				
5				
6				
7				
8				
9				

引导问题 7：根据专用解码仪读取的故障代码与数据流，分析可能的故障原因并完成下表。

故障原因

器件故障	
信号故障	
模块故障	
总线故障	
线束故障	
其他故障	
故障类型：熔断器、CAN 总线、供电电源、搭铁、继电器、线束、控制信号、BMS（电池管理系统）、VCU、单体电池	

故障原因分析

引导问题 8：根据已分析故障可能产生的原因，写出故障排除的相关内容。

爱岗敬业　故障排除

故障排除

序号	测量条件	测量部件	测量部位	标准值	实测值	判定
1						
2						
3						
4						
5						
6						
7						
8						
9						
10						

小提示：参考如下填写方式。

参考填写方式

序号	测量条件	测量部件	测量部位	标准值	实测值	判定
1	ON 挡	熔断器	上端对地电压	12 V	12 V	正常 / 异常

引导问题 9：根据确定故障部位，分析导致故障现象的机理。

_____

_____ 故障总结

_____

_____

引导问题 10：根据确定故障部位，确定故障诊断结论并完成下表。

诊断结论

诊断结论	器件故障	□熔断器	□元器件	□继电器	其他
	器件编号				
	线路故障	□断路	□虚接	□对正极短路	其他
	线路区间				
	线路故障	□对负极短路	□线路混搭		其他
	线路区间				
	部件故障				

引导问题 11：请在纯电动汽车驱动力电池电流传感器故障排除后，验证车辆。

（1）打开点火开关读取车辆仪表信息并完成下表。

现象验证

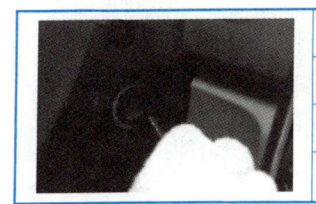 防护工具	
测试设备	
警示牌名称	
仪表提示	

（2）连接解码仪，查询故障代码并完成下表。

故障代码验证

故障代码	□有	□无
序号	故障代码	含义
1		
2		
3		
4		
5		

（3）读取数据流并完成下表。

数据流验证

序号	数据流名称	标准值	实测值	判定
1				
2				
3				
4				
5				

引导问题 12：纯电动汽车故障诊断与排除后，写出需要维修人员完成的工作内容。

_____

_____

_____

_____

注：以上实操内容根据工位实际情况填写，若无，则不填。

六、评价反馈

根据学生活动过程中的表现进行小组自评、小组互评和教师评价。

活动过程小组自评表

班级		组名		日期	
评价指标	评价要求			分数	分数评定
信息资讯	能够利用网络资源、车辆维修手册、学习信息页查找有效信息			10	
	能够用自己的语言清晰、有条理地回答课堂问题				
	能够有效地将搜索的知识转换到课堂学习中				
职业素养	能够熟悉自己的任务分工，认同自己的劳动价值			10	
	能够在实训过程中清晰认识到纯电动汽车维修安全要求				
	能够有效提高个人的高压危险作业防护意识				
思政素养	能够通过思政讨论、思政点背景查询，清晰理解"爱岗敬业、做企业螺丝钉"深入内涵			10	

续表

评价指标	评价要求	分数	分数评定
课堂参与	与教师之间能够保持尊重、理解、平等的交流	10	
	与同学之间能够保持多向、丰富、适当的信息交流		
	能够自主学习，不流于形式，独立思考问题，做到有效学习	10	
	能够针对课堂问题提出建设性意见或看法		
	能够按照实操要求规范操作		
	实训小组内部能够协同操作		
学习能力	能够独立或小组协作使用课程资源自主学习	10	
	能够独立或小组协作计划决策，体现思维逻辑性、有效性		
	能够获得进一步发展的能力		
技能实操	遵守实训室管理规定、个人实训着装规定	15	
	遵守实训过程操作规范要求		
	遵守实训设备使用操作规范，不违规操作设备		
	能够保证不迟到不早退		
	能够积极参与课堂活动，积极完成任务工单		
思维状态	能够多角度思考问题，主动发现、提出有价值的问题	10	
	能够发现问题、提出问题、分析问题、解决问题、创新问题		
评价反馈	能够按时按质完成工作任务	15	
	能够掌握碎片化专业知识点		
	具有较强的信息分析能力和理解能力；具有较为全面、严谨的思维能力，能清晰表达		
自评分数			
有益的经验和做法			
总结反思建议			

活动过程小组互评表

班级		组名		日期	
评价指标	评价要求			分数	分数评定
信息资讯	该组能够利用网络资源、车辆维修手册、学习信息页查找有效信息			10	
	该组能够用自己的语言清晰、有条理地回答课堂问题				
	该组能够有效地将搜索的知识转换到课堂学习中				

续表

评价指标	评价要求	分数	分数评定
职业素养	该组能够熟悉自己的任务分工，认同自己的劳动价值	10	
	该组能够在实训过程中清晰认识到纯电动汽车维修安全要求		
	该组能够有效提高高压危险作业防护意识		
思政素养	该组能够通过思政讨论、思政点背景查询，清晰理解"爱岗敬业、做企业螺丝钉"深入内涵	10	
课堂参与	该组与教师之间能够保持尊重、理解、平等的交流	10	
	该组同学之间能够保持多向、丰富、适当的信息交流		
	该组能够自主学习，不流于形式，独立思考问题，做到有效学习		
	该组能够针对课堂问题提出建设性意见或看法	10	
	该组能够按照实操要求规范操作		
	实训小组内部能够协同操作		
学习能力	该组能够独立或小组之间使用课程资源自主学习	10	
	该组能够独立或小组之间计划决策，体现思维逻辑性、有效性		
	该组能够获得进一步发展的能力		
技能实操	该组遵守实训室管理规定、个人实训着装规定	15	
	该组遵守实训过程操作规范要求		
	该组遵守实训设备使用操作规范，不违规操作设备		
	该组能够保证课堂出勤，做到不迟到不早退		
	该组能够积极参与课堂活动，积极完成任务工单		
	该组能够多角度思考问题，主动发现、提出有价值的问题		
思维状态	该组能够发现问题、提出问题、分析问题、解决问题、创新问题	10	
评价反馈	该组能够按时按质完成工作任务	15	
	该组能够掌握碎片化专业知识点		
	该组具有较强的信息分析能力和理解能力；具有较为全面、严谨的思维能力，能清晰表达		
互评分数			
简要评述			

教师评价表

班级			组名		日期		
出勤							
			评价要求		分数	分数评定	
一	任务描述、接受任务	口述任务内容细节	表述仪态自然、吐字清晰		2	表述仪态不自然或吐字模糊扣1分	
			表达思路清晰，层次分明、准确			表达思路模糊或层次不清扣1分	
二	任务分析、任务分工	分析操作流程，分组分工	操作流程关键点分析准确		3	操作流程关键点分析不准确扣1分	
			知识回顾完整，分组分工明确			知识回顾不完整扣1分，分组分工不明确扣1分	
三	计划决策	操作流程	合理、可执行、完整		5	不合理扣1分，扣完为止；不能执行、不完整，扣5分	
		设备、工具、材料	设备、工具、材料准备齐全		3	设备、工具、材料缺1个，扣1分，扣完为止	
四	课程思政	思政背景	背景基础扎实、发展历程清晰、感悟能够内化，指导实践		10	表述仪态不自然或吐字模糊扣1分，观点不清晰扣1分，扣完为止	
		思政感悟					
五	工作实施	高压作业安全防护用具检查、使用	设备、工具、材料准备		3	每漏1项扣1分，扣完为止	
			资料准备		2	实操期间缺失1项扣1分，扣完为止	
			正确检查、佩戴防护用具		5	每错1项扣1分，扣完为止	
		维修工位与车辆防护	设备、工具、材料准备		2	每漏1项扣1分，扣完为止	
			正确进行工位与车辆防护检查与布置		10	每错1项扣1分，扣完为止	
		车辆高压下电	高压下电流程安全、合理		10	不合理1处扣1分，扣完为止	
		故障排除	规范、准确读取数据		10	每次不规范操作扣1分；每读取错误数据1次扣1分	
			准确规范检查力电池管理系统控制线路		15	每次不规范操作扣1分；检查错误分数扣完	
		现场恢复	保证6S、三步落地		3	每漏1项扣1分，扣完为止	
			设备、工具、材料、车辆恢复整理		2	每违反1项扣1分，扣完为止	
六	总结	任务总结	依据自评表分数		2		
			依据互评表分数		3		
			依据个人总结评价		10	依据内容酌情给分	
			合计		100		

七、相关知识点

1. 故障原因分析

动力电池是纯电动汽车高压系统的核心部件之一,正常情况下,动力电池通过高压接触器向高压执行部件输送高电压,在车辆异常的情况下,动力电池高压接触器断开,高压输出关闭。常见导致动力电池高压输出异常的情况如图8.1所示。

(1)动力电池自身、高压电路等故障导致电能不能从动力电池输出给用电设备(包括驱动电机及高压附件等)。

(2)BMS故障、VCU故障或CAN总线故障等导致VCU不能正确获取电池状态,认为电池处于不正常情况,动力电池断开。

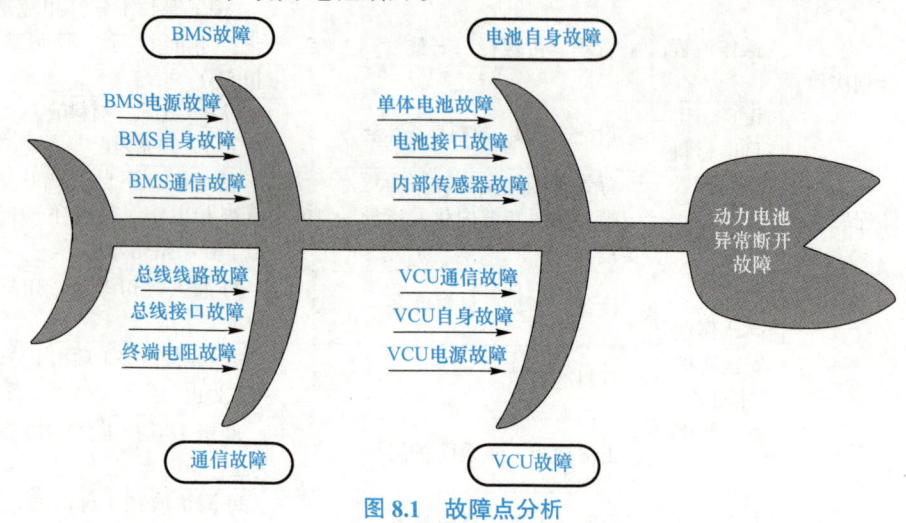

图 8.1 故障点分析

以下分别介绍各类故障。

(1)动力电池自身故障。当动力电池自身发生故障时,特别是动力电池内部发生零部件故障时,通过故障诊断仪能读取整车控制器(VCU)信息,能读取BMS部分信息,但是动力电池不能正常闭合输出高压电。

(2)BMS故障。当BMS发生故障时,若仪表无任何动力电池信息显示,说明VCU与BMS通信中断,VCU无法通过总线获取动力电池数据,根据车辆控制逻辑,VCU判定动力电池严重故障,从而仪表显示动力电池断开。若仪表能够显示部分动力电池信息,说明VCU与BMS存在通信,但VCU仅能通过总线获取动力电池部分数据,根据车辆控制逻辑,VCU判定动力电池部分状态参数异常,仪表显示动力电池参数异常,断开高压输出。

(3)VCU相关故障。车辆VCU故障时,VCU能接收BMS信息,但不能正确处理,且不能向仪表传递正确的信息,仪表接收异常甚至未接收信息,因此,按自身设置显示故障。使用故障诊断仪读取整车控制器(VCU),不能读取任何的车辆信息。

(4)通信故障。通信故障是指CAN总线故障。纯电动汽车有电池内部CAN总线、新能源CAN总线、快充CAN总线和传统CAN总线四类总线。当电池内部CAN总线出现故障时，电池部分信息不能正确传递到 VCU；新能源 CAN 总线连接 BMS、VCU 及其他高压部件的 CAN 网络，其出现故障时，动力电池信息不能传递到 VCU；传统 CAN 总线连接了 VCU 和仪表，当其出现故障时，仪表不能正常显示，车辆高压上电异常。

2. 故障诊断流程

当车辆发生电池异常断开时，一般遵循图 8.2 所示的故障诊断流程进行排除。

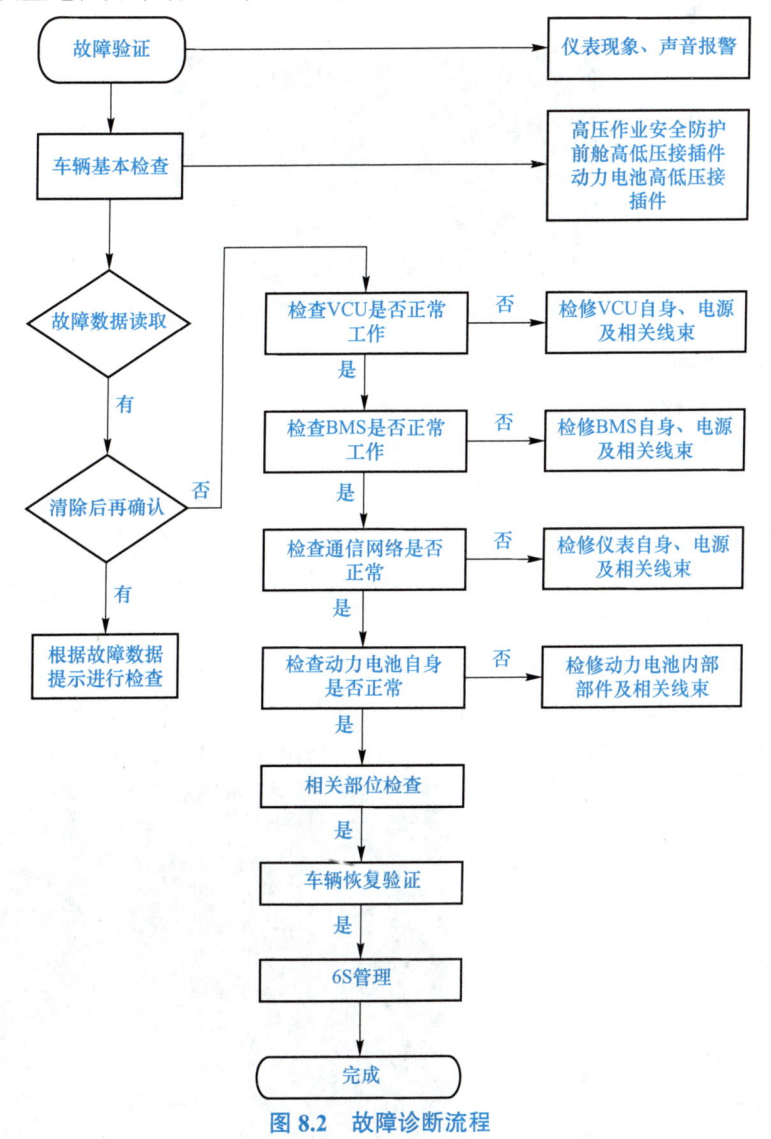

```
故障验证 ──────────────────────→ 仪表现象、声音报警
   ↓
车辆基本检查 ─────────────────→ 高压作业安全防护
   ↓                              前舱高低压接插件
                                  动力电池高低压接插件
   ↓
故障数据读取
   ↓（有）
清除后再确认 ──否──→ 检查VCU是否正常工作 ──否──→ 检修VCU自身、电源及相关线束
   ↓（有）              ↓是
根据故障数据         检查BMS是否正常工作 ──否──→ 检修BMS自身、电源及相关线束
提示进行检查          ↓是
                    检查通信网络是否正常 ──否──→ 检修仪表自身、电源及相关线束
                      ↓是
                    检查动力电池自身是否正常 ──否──→ 检修动力电池内部部件及相关线束
                      ↓是
                    相关部位检查
                      ↓是
                    车辆恢复验证
                      ↓是
                    6S管理
                      ↓
                    完成
```

图 8.2 故障诊断流程

首先判断是否发生了绝缘故障，因为发生绝缘故障后很容易出现危险情况，因此需要检查仪表盘绝缘故障指示灯是否点亮。

检查仪表盘是否能够显示，如果仪表盘能够显示，说明 VCU 没有发生故障，且与仪表之间通信正常。

如果没有发现故障，则可以连接故障诊断仪进行诊断。

3. 故障诊断与修复

纯电动汽车动力电池异常断开故障的诊断、检测与修复过程由故障验证、车辆基本检查、诊断代读取数据和线路及部件检修等步骤组成。

（1）故障验证。通过实车验证，故障现象与描述一致，仪表显示系统故障警告灯、动力电池故障警告灯，SOC 为 0%，不显示续航里程，车辆 READY 灯不亮，车辆无法上高压电，如图 8.3 所示。

图 8.3　仪表故障显示

（2）车辆基本检查。检查前舱高低压接插件、动力电池高低压接插件是否可靠连接，经检查插头处的信号线未出现松脱、断裂现象（图 7.5）。

（3）读取诊断仪数据。将专用诊断仪连接至车辆诊断接口，诊断仪显示点击"整车控制器（VCU）"模块，读取故障代码：U011187 与 BMS 通信丢失、P103804 BCU/BMS 自检异常（初始化）、P101221 SOC 太低报警；点击"动力电池管理系统（BMS）"模块，诊断仪提示"与汽车电脑连接失败！"，经初步检查并分析，动力电池管理系统及线束出现故障，动力电池信号异常，如图 7.6 所示。

（4）电源检查。由于仪表不显示动力电池信息，且诊断仪不能进入 BMS 模块读取数据信息，可能 BMS 未工作或者 CAN 网络出现故障。因此，举升车辆，将万用表插入动力电池低压接插件的 U22/B 引脚，测量 U22/B 对地电压，测量值为 12 V，正常（图 8.4）。

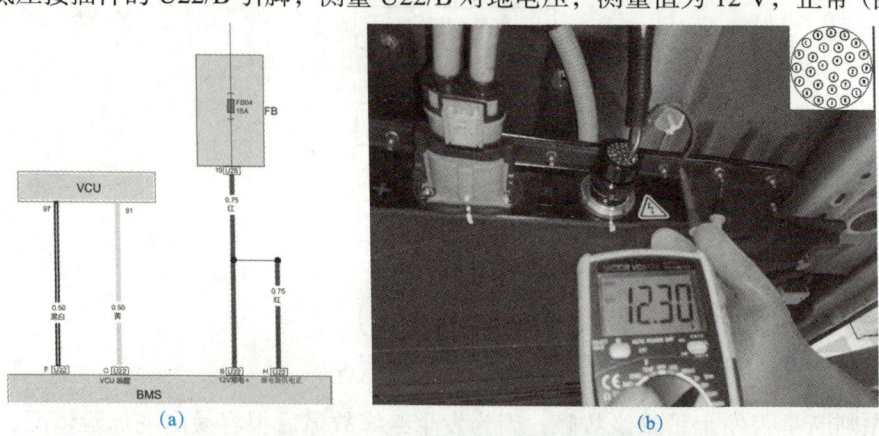

图 8.4　动力电池系统供电检测
(a) 连接电路图；(b) 动力电池系统供电测量

（5）CAN 网络检查。检查 BMS 的 CAN 网络线束，测量 BMS 低压接插件 U22/E 引脚至 VCU 低压接插件 U18/104 引脚之间阻值，为 0 Ω，正常；测量 BMS 低压接插件

U22/D 引脚至 VCU 低压接插件 U18/111 引脚之间阻值，为无穷大，异常；测量 BMS 低压接插件 U22/D 引脚至诊断接口 I06/1 引脚之间阻值，为无穷大，异常，说明线束中 BMS 的 EVCAN-H 线路断路。（图 8.5）

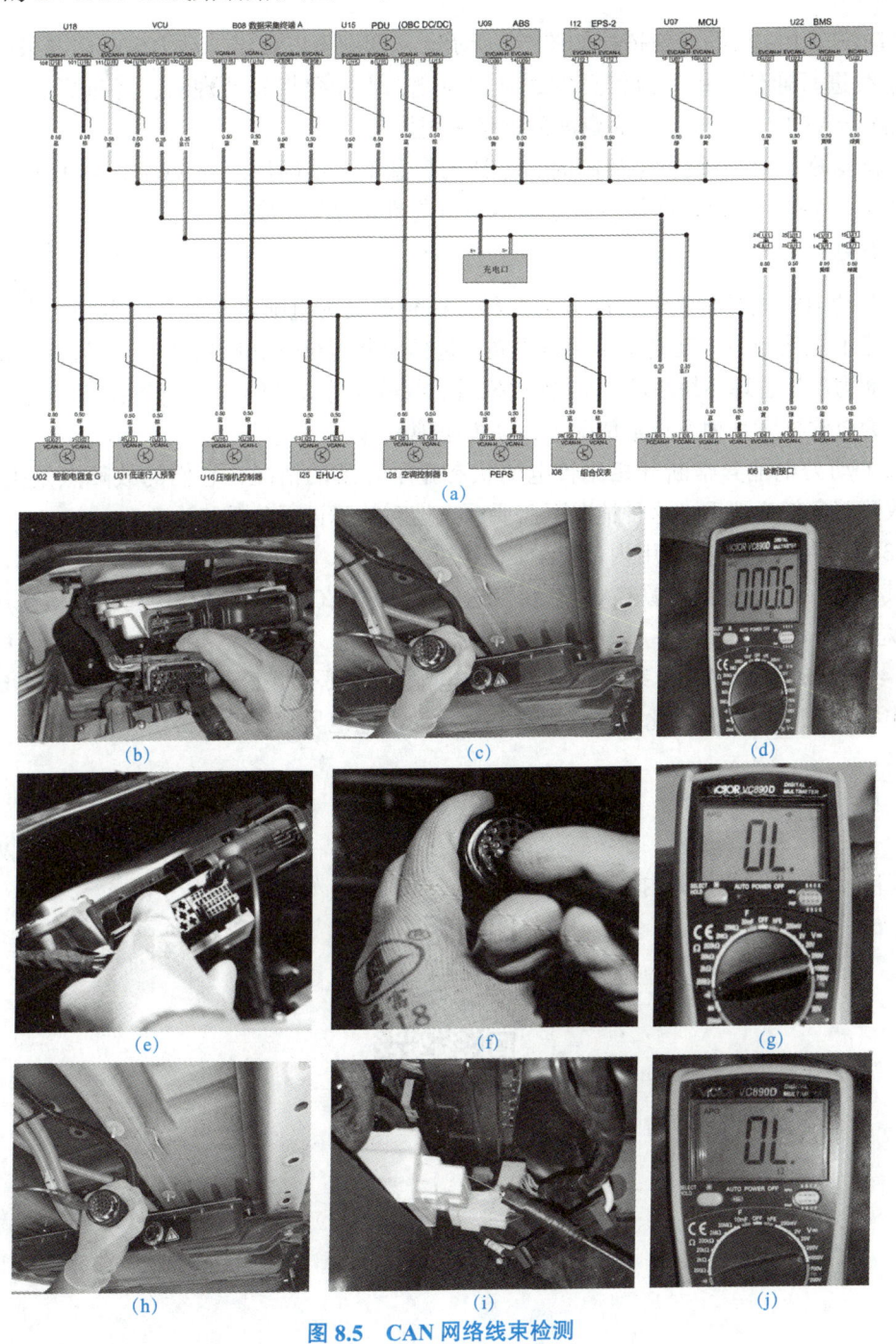

图 8.5　CAN 网络线束检测
(a) 连接电路图；(b) U18/104 引脚；(c) U22/E 引脚；(d) 测量结果；
(e) U18/111；(f) U22/D；(g) 测量结果；(h) U22/D；(i) I06/1；(j) 测量结果

（6）恢复。故障恢复后，车辆上电，仪表显示正常，车辆正常上电。

（7）6S 管理。

4. 故障案例分析

电动汽车上一般的通信拓扑如图 7.1 所示。从图中可以看出，动力电池内部采用内部 CAN 总线进行通信，将电池信息发送给主控盒，主控盒将其处理后，通过新能源 CAN 总线发送给 VCU，VCU 和仪表盘间的通信采用传统 CAN 总线。

当新能源 CAN 总线发生故障时，电池的信息不能正确传递到 VCU，VCU 认为动力电池出现了故障，因此，在仪表盘上显示动力电池异常断开故障。

5. 总结

（1）动力电池异常断开情况分为两种：一种是动力电池自身、高压电路等发生故障导致电能不能从动力电池输出给用电设备（包括驱动电机及高压附件等）；另一种是绝缘故障、动力电池管理系统故障、VCU 故障或总线故障等导致的 VCU 不能正确获取电池状态，认为电池处于某种不正常情况下，动力电池断开。

（2）动力电池异常断开相比较电池状态显示异常的情况，它们的故障点是类似的，但是故障现象较为严重，这种情况下需要深入地对故障进行分析和诊断。

（3）动力电池内部采用内部 CAN 总线进行通信，将电池信息发送给主控盒，主控盒将其处理后，通过新能源 CAN 总线发送给 VCU，VCU 和仪表盘之间的通信采用传统 CAN 总线。

（4）当新能源 CAN 总线发生故障时，电池的信息不能正确传递到 VCU，VCU 认为动力电池出现了故障，因此，在仪表盘上显示动力电池异常断开故障。

八、拓展学习

扫描二维码阅读相关内容。

吉利 EV450 的 CAN 通信故障

任务九

动力电池能量回收关闭指示灯点亮故障诊断与排除

项目编号			成　绩	
姓　名			班　级	
日　期			教师签名	
教学目标	知识目标	1. 掌握动力电池直流母线电流监测原理； 2. 掌握动力电池电流传感器故障分析方法	岗	对接纯电动汽车机电维修岗位典型工作任务"动力电池能量回收故障排除"
	能力目标	1. 能够根据故障诊断流程进行纯电动汽车动力电池母线电流故障的诊断； 2. 能够自主制订工作计划，严格按照企业实践操作规范，开展纯电动汽车动力电池母线电流故障诊断与排除	证	对接职业技能等级证书："新能源汽车动力驱动电机电池技术（高级）"模块技能要求"能诊断车辆不能上电的故障""能诊断因动力电池的线束、连接器、端子损坏或断开引起的故障"
	素质目标	1. 树立高压作业安全防护意识； 2. 培养吃苦耐劳、脚踏实地工作的意识	赛	前期准备，安全检查，仪器连接，故障症状确认，目视检查，读取故障代码与数据流，高压断电，非带电状态检测验证，动力电池的元器件测量与机械拆装，故障点确认和排除

一、情境描述

客户陈先生有一辆北汽 EC200 型号纯电动汽车,打算用车时,踩下制动踏板,打开点火开关,仪表显示系统故障警告灯、动力电池故障警告灯、能量回收关闭指示灯,伴有声音报警,车辆无法行驶,随即陈先生将车辆送至纯电动汽车服务站,维修技师刘师傅负责对车辆进行故障诊断与维修。

二、任务分组

(1)全班分成若干组,每组固定人数,由教师指定工位并布置任务;
(2)每组从接到任务书起,由组长安排组内分工,完成工作任务;
(3)实训时需经组长报告教师并经教师同意后方可开始;
(4)实训过程中教师考核学生知识应用能力及安全文明、团队合作等职业素养。

学生任务分配表

班级		组号		指导教师	
组长		学号			
组员	姓名	学号		任务分工	

三、获取资讯

引导问题 1:请写出纯电动汽车动力电池电流传感器的功能。

_____

_____

_____

_____

引导问题 2：请写出纯电动汽车电流传感器的类型。

_____

_____

_____

引导问题 3：请写出不同类型电流传感器的检测原理。

电流传感器检测原理

类型	工作原理（结合文字和绘制说明）

引导问题 4：结合实训车辆，请绘制纯电动汽车动力电池直流母线电流信号监测的电气连接图。

电气连接图

引导问题 5： 请写出纯电动汽车动力电池直流母线电流传感器的工作原理。

_____

_____

_____

引导问题 6： 请绘制纯电动汽车动力电池电流传感器的信号波形。

电流传感器信号波形

波形名称	可变负载状态下（注意单位）

小提示： 可使用动力电池实物或台架进行操作。

引导问题 7： 请写出导致动力电池电流传感器故障的主要原因。

_____

_____

_____

引导问题 8： 根据故障现象分析原因，绘制动力电池母线电流故障原因树状图。

故障原因树状图

四、计划决策

引导问题 1：请写出纯电动汽车动力电池电流传感器的故障诊断与排除步骤的作业项目和操作要点。

故障诊断与排除

序号	作业项目	操作要点	备注
1			
2			
3			
4			
5			
6			
7			
8			
9			
10			
11			
12			

引导问题 2：请写出故障诊断与排除过程中使用的检测设备、工具、材料清单。

检测设备、工具、材料清单

序号	名称	数量	型号/特征参数/组成	符合要求
1				
2				
3				
4				
5				
6				
7				
8				
9				
10				
11				
12				

引导问题 3：请勾选实操过程中需要注意的事项，如有增加，可在表格空白处填写。

注意事项

序号	注意事项	选择
1	实训开始前应摘掉饰品，换上实训服，长头发应挽起固定于脑后	□是 □否
2	实训前检查仪表工具状态良好，使用后应立即清理	□是 □否
3	仪表使用后应随时打到 OFF 位，防止仪表受损	□是 □否
4	操作汽车举升机时应严格按照举升机操作规范进行作业	□是 □否
5	车辆底部实训操作时，应佩戴安全帽	□是 □否
6	整车实训时确保钥匙开关处于 LOCK，操作另有要求除外	□是 □否
7	车辆操作时，应施加驻车制动，除非有特定操作要求，置于其他挡位	□是 □否
8		
9		
10		
11		
12		
13		
14		
16		
17		
18		
19		
20		
21		

引导问题 4：计划完成后，由教师进行审核，确定是否可以实施。

计划审核

计划审核	审核意见：
	年　月　日　　签字

五、工作实施

引导问题1：请完成纯电动汽车维修作业前高压作业个人安全防护并填写高压作业个人安全防护用具检查记录表。

高压作业安全防护

高压作业个人安全防护用具检查记录表

（1）检查绝缘手套的气密性		
	绝缘防护电压	
	漏电电流	
	气密性检查方法	
	检查结果	□良好　　□漏气

（2）检查绝缘鞋、护目镜和安全帽外观是否完好		
绝缘鞋外观检查	护目镜外观检查	安全帽外观检查
□良好　　□破损	□良好　　□破损	□良好　　□破损

（3）穿戴高压个人防护用具

1）穿上维修工服和绝缘鞋

	维修工服穿戴注意事项：
	穿维修工服的作用：
	绝缘鞋穿戴注意事项：
	穿绝缘鞋的作用：

续表

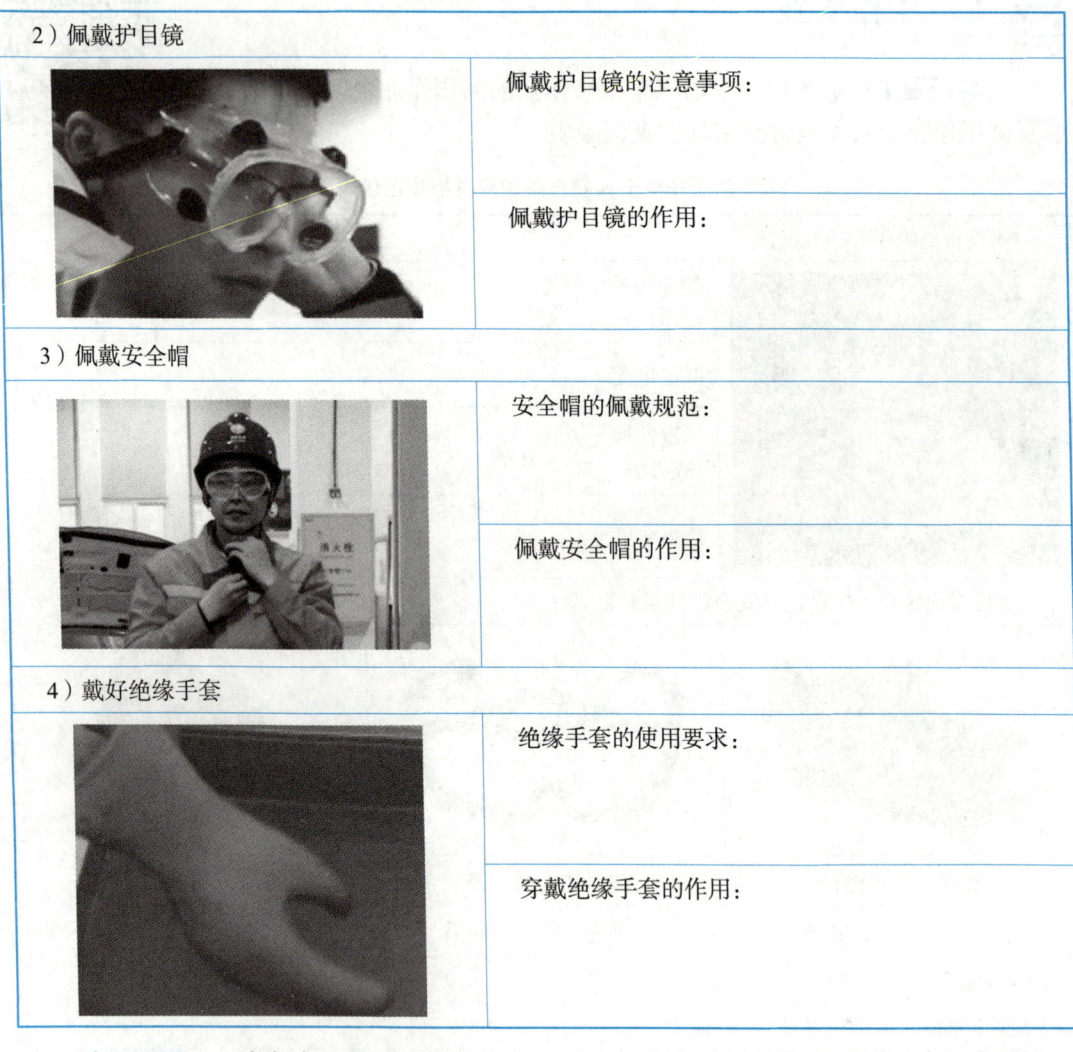

2）佩戴护目镜		
	佩戴护目镜的注意事项：	
	佩戴护目镜的作用：	
3）佩戴安全帽		
	安全帽的佩戴规范：	
	佩戴安全帽的作用：	
4）戴好绝缘手套		
	绝缘手套的使用要求：	
	穿戴绝缘手套的作用：	

引导问题 2：请完成纯电动汽车维修作业前车辆安全防护并填写维修工位与车辆防护记录表。

维修工位与车辆防护记录表

（1）车辆检查及防护		
1）检查车辆停放位置是否合适		
	车辆距双柱距离是否均匀	左右：□是　□否 前后：□是　□否
	支点数量	
	是否对齐	□是　□否

续表

2）安装车内三件套		
	三件套名称	
	安装顺序	
	铺设三件套的原因	

3）检查驻车制动器及挡位位置		
	驻车制动器状态	□落下　　□提起
	挡位位置	□R挡　　□N挡　　□D挡　　□E挡
	注意事项	

4）安放车轮挡块		
	挡块数量	□1　　□2　　□3　　□4
	车轮挡块安放位置	
	安放挡块原因	

5）在维修工位周围布置警戒带		
	操作对象	
	与车辆距离参考值	前：　　　　后： 左：　　　　右：
	布置警戒带的原因	

6）放置危险警示牌		
	警示牌放置位置	□前机舱盖　　□车顶　　□地面
	放置警示牌的作用	
	说明：	

续表

7）铺设翼子板防护垫		
	翼子板防护垫数量	□1　□2　□3　□4
	铺设翼子板防护垫的原因：	

（2）维修工具检查		
	需要检查的绝缘维修工具	
	绝缘防护电压	
	外观	□良好　　□破损

（3）绝缘垫检查		
	外观检查	□砂眼　　□老化　　□厚度　　□破裂 □其他
	绝缘电阻测试	
	说明	

（4）灭火器器材检查		
	灭火器有效期检查	□是　　　□否
	灭火器部件检查	压力指示检查：　　□是　　□否 喷射软管的检查：　□是　　□否 保险机构的检查：　□是　　□否 标识的检查：　　　□是　　□否 外观检查：　　　　□是　　□否

引导问题 3：请完成纯电动汽车检修前的车辆基本检查并完成下表。

基本检查

辅助蓄电池电压	电压值：_____V　　□正常　　□异常
高压部件安装	□正常　　□异常
连接器连接情况	□正常　　□异常

任务九　动力电池能量回收关闭指示灯点亮故障诊断与排除

引导问题 4：请完成纯电动汽车故障现象确认并填写故障现象确认表。

故障现象

故障现象确认表

点火钥匙位置：□START　□ON　□ACC　□LOCK
READY 指示灯：□熄灭　□点亮　　续航里程：_____km
挡位情况：□R 挡　□N 挡　□D 挡　□E 挡　　动力电池电压：_____V
仪表显示：_____

引导问题 5：请使用专用解码仪读取纯电动汽车动力电池电流传感器故障产生的故障代码并完成下表。

数据读取

故障代码

故障代码	□有	□无
序号	故障代码	含义
1		
2		
3		
4		
5		
6		

引导问题 6：请使用专用解码仪读取纯电动汽车驱动电机温度传感器故障产生的相关数据流并完成下表。

数据流

序号	数据流名称	标准值	实测值	判定
1				
2				
3				
4				
5				
6				
7				

引导问题 7：根据专用解码仪读取的故障代码与数据流，分析可能的故障原因并完成下表。

故障原因分析

故障原因

器件故障	
信号故障	
模块故障	
总线故障	
线束故障	
其他故障	

故障类型：熔断器、CAN 总线、供电电源、搭铁、继电器、线束、控制信号、BMS（电池管理系统）、VCU、单体电池

引导问题 8：根据已分析故障可能产生的原因，写出故障排除的步骤。

吃苦耐劳　　故障排除

测量步骤

序号	测量条件	测量部件	测量部位	标准值	实测值	判定
1						
2						
3						
4						
5						
6						
7						
8						
9						
10						

小提示：参考如下填写方式。

参考填写方式

序号	测量条件	测量部件	测量部位	标准值	实测值	判定
1	ON 挡	熔断器	上端对地电压	12 V	12 V	正常 / 异常

任务九 >>> 动力电池能量回收关闭指示灯点亮故障诊断与排除

引导问题 9: 根据确定故障部位,分析导致故障现象的机理。

_____

_____

_____

_____

故障总结

引导问题 10: 根据确定故障部位,确定故障诊断结论并完成下表。

诊断结论

	器件故障	□熔断器	□元器件	□继电器
诊断结论	器件编号			
	线路故障	□断路	□虚接	□对正极短路
	线路区间			
	线路故障	□对负极短路	□线路混搭	
	线路区间			
	部件故障			

引导问题 11: 请在纯电动汽车驱动力电池电流传感器故障排除后,验证车辆。
(1)打开点火开关并完成下表。

现象验证

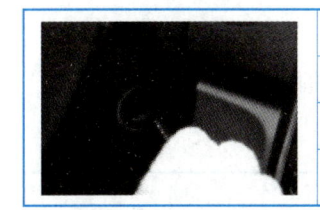

防护工具	
测试设备	
警示牌名称	
仪表提示	

(2)连接解码仪,查询故障代码并完成下表。

故障代码验证

故障代码	□有	□无
序号	故障代码	含义
1		
2		
3		
4		
5		

（3）读取数据流并完成下表。

数据流验证

序号	数据流名称	标准值	实测值	判定
1				
2				
3				
4				
5				
6				

引导问题 12：纯电动汽车故障诊断与排除后，写出需要维修人员完成的工作内容。

_____

_____

_____

_____

注：以上实操内容根据工位实际情况填写，若无，则不填。

六、评价反馈

根据学生活动过程中的表现进行小组自评、小组互评和教师评价。

活动过程小组自评表

班级		组名		日期	
评价指标	评价要求			分数	分数评定
信息资讯	能够利用网络资源、车辆维修手册、学习信息页查找有效信息			10	
信息资讯	能够用自己的语言清晰、有条理地回答课堂问题			10	
信息资讯	能够有效地将搜索的知识转换到课堂学习中			10	
职业素养	能够熟悉自己的任务分工，认同自己的劳动价值			10	
职业素养	能够在实训过程中清晰认识到纯电动汽车维修安全要求			10	
职业素养	能够有效提高个人的高压危险作业防护意识			10	
思政素养	能够通过思政讨论、思政点背景查询，清晰理解"吃苦耐劳，脚踏实地工作"深入内涵			10	

续表

评价指标	评价要求	分数	分数评定
课堂参与	与教师之间能够保持尊重、理解、平等的交流	10	
	与同学之间能够保持多向、丰富、适当的信息交流		
	能够自主学习，不流于形式，独立思考问题，做到有效学习	10	
	能够针对课堂问题提出建设性意见或看法		
	能够按照实操要求规范操作		
	实训小组内部能够协同操作		
学习能力	能够独立或小组协作使用课程资源自主学习	10	
	能够独立或小组协作计划决策，体现思维逻辑性、有效性		
	能够获得进一步发展的能力		
技能实操	遵守实训室管理规定、个人实训着装规定	15	
	遵守实训过程操作规范要求		
	遵守实训设备使用操作规范，不违规操作设备		
	能够保证课堂出勤，做到不迟到不早退		
	能够积极参与课堂活动，积极完成任务工单		
	能够多角度思考问题，主动发现、提出有价值的问题		
思维状态	能够发现问题、提出问题、分析问题、解决问题、创新问题	10	
评价反馈	能够按时按质完成工作任务	15	
	能够掌握碎片化专业知识点		
	具有较强的信息分析能力和理解能力；具有较为全面、严谨的思维能力，并能清晰表达		
自评分数			
有益的经验和做法			
总结反思建议			

活动过程小组互评表

班级		组名		日期	
评价指标	评价要求			分数	分数评定
信息资讯	该组能够利用网络资源、车辆维修手册、学习信息页查找有效信息			10	
	该组能够用自己的语言清晰、有条理地回答课堂问题				
	该组能够有效地将搜索的知识转换到课堂学习中				

续表

评价指标	评价要求	分数	分数评定
职业素养	该组能够熟悉自己的任务分工，认同自己的劳动价值	10	
	该组能够在实训过程中清晰认识到纯电动汽车维修安全要求		
	该组能够有效提高高压危险作业防护意识		
思政素养	该组能够通过思政讨论、思政点背景查询，清晰理解"吃苦耐劳、脚踏实地工作"深入内涵	10	
课堂参与	该组与教师之间能够保持尊重、理解、平等的交流	10	
	该组同学之间能够保持多向、丰富、适当的信息交流		
	该组能够自主学习，不流于形式，独立思考问题，做到有效学习	10	
	该组能够针对课堂问题提出建设性意见或看法		
	该组能够按照实操要求规范操作		
	实训小组内部能够协同操作		
学习能力	该组能够独立或小组协作使用课程资源自主学习	10	
	该组能够独立或小组之间协作计划决策，体现思维逻辑性、有效性		
	该组能够获得进一步发展的能力		
技能实操	该组遵守实训室管理规定、个人实训着装规定	15	
	该组遵守实训过程操作规范要求		
	该组遵守实训设备使用操作规范，不违规操作设备		
	该组能够保证课堂出勤，做到不迟到不早退		
	该组能够积极参与课堂活动，积极完成任务工单		
	该组能够多角度思考问题，主动发现、提出有价值的问题		
思维状态	该组能够发现问题、提出问题、分析问题、解决问题、创新问题	10	
评价反馈	该组能够按时按质完成工作任务	15	
	该组能够掌握碎片化专业知识点		
	该组具有较强的信息分析能力和理解能力；具有较为全面、严谨的思维能力，并能清晰表达		
互评分数			
简要评述			

任务九 动力电池能量回收关闭指示灯点亮故障诊断与排除

教师评价表

班级			组名		日期		
出勤							
			评价要求		分数	分数评定	
一	任务描述、接受任务	口述任务内容细节	表述仪态自然、吐字清晰		2	表述仪态不自然或吐字模糊扣1分	
			表达思路清晰、层次分明、准确			表达思路模糊或层次不清扣1分	
二	任务分析、任务分工	分析操作流程，分组分工	操作流程关键点分析准确		3	操作流程关键点分析不准确扣1分	
			知识回顾完整，分组分工明确			知识回顾不完整扣1分，分组分工不明确扣1分	
三	计划决策	操作流程	合理、可执行、完整		5	1处不合理扣1分，扣完为止；不能执行、不完整，扣5分	
		设备、工具、材料	设备、工具、材料准备齐全		3	设备、工具、材料缺1个扣1分，扣完为止	
四	课程思政	思政背景	背景基础扎实、发展历程清晰、感悟能够内化，指导实践		10	表述仪态不自然或吐字模糊扣1分，观点不清晰扣1分，扣完为止	
		思政感悟					
五	工作实施	高压作业个人安全防护用具检查、使用	设备、工具、材料准备		3	每漏1项扣1分，扣完为止	
			资料准备		2	实操期间缺失1项扣1分，扣完为止	
			正确检查、佩戴防护用具		5	每错1项扣1分，扣完为止	
		维修工位与车辆防护	设备、工具、材料准备		2	每漏1项扣1分，扣完为止	
			正确进行工位与车辆防护检查与布置		10	每错1项扣1分，扣完为止	
		车辆高压下电	高压下电流程安全、合理		10	不合理1处扣1分，扣完为止	
		故障排除	规范、准确读取数据		10	每次不规范操作扣1分；每读取错误数据1次扣1分	
			准确、规范检查动力电池管理系统控制线路		15	每次不规范操作扣1分；检查错误分数扣完	
		现场恢复	保证6S、三步落地		3	每漏1项扣1分，扣完为止	
			设备、工具、材料、车辆恢复整理		2	每违反1项扣1分，扣完为止	

续表

六	总结	任务总结	评价要求	分数	分数评定	
			依据自评表分数	2		
			依据互评表分数	3		
			依据个人总结评价	10	依据内容酌情给分	
		合计		100		

七、相关知识点

在动力电池系统中，为更加安全高效地使用动力电池，需要实时监测动力电池的工作电流。其一，由于多个动力电池往往串联使用，各电池的工作电流相同，只需要对串联后的总电流进行监测即可；其二，由于电流的采样频率对于剩余电量的评估精度及系统安全性有着重要的影响，因此，电流的采样频率比其他物理量更高。

1. 电流传感器类型

动力电池电流监测时，通过电流传感器把电流信号转化为电压信号。常见的电流传感器有分流器和霍尔电流传感器。

（1）分流器（图9.1）。分流器是一种常见的电阻器，用于测量直流电流，当直流电流流过分流器时，分流器两端产生毫伏级直流电压信号。分流器一般采用低温度系数的合金制成，普遍采用的是锰铜或康铜合金。

图9.1 分流器

（2）霍尔电流传感器。霍尔电流传感器采用霍尔器件制作而成。霍尔器件是一种采用半导体材料制成的磁电转换器件。如果在输入端通入控制电流，当有一磁场穿过该器件感磁面，则在输出端出现霍尔电势。

一种典型的可用于纯电动汽车电流检测的霍尔电流传感器，当电流流过导线时，霍尔电流传感器中心孔即有电流流过，电流的正负、大小直接在输出上得以体现。图9.2所示为霍尔电流传感器的工作原理。

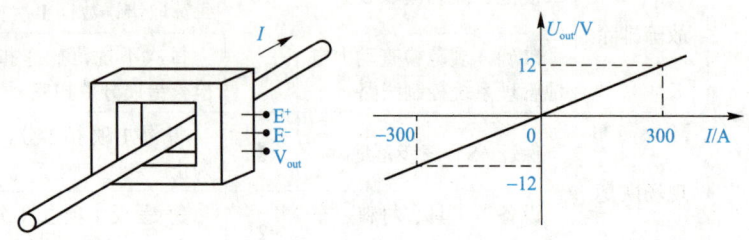

图9.2 霍尔电流传感器的工作原理

任务十

驱动电机过热故障诊断与排除

项目编号			成　绩	
姓　名			班　级	
日　期			教师签名	
教学目标	知识目标	1. 掌握驱动电机过热故障原因； 2. 掌握驱动电机过热故障的诊断流程	岗	对接纯电动汽车机电维修岗位典型工作任务"驱动电机过热故障排除"
	能力目标	1. 能够根据故障诊断流程进行纯电动汽车驱动电机过热故障的诊断； 2. 能够自主制订工作计划，严格按照企业实践操作规范，开展纯电动汽车驱动电机过热故障诊断与排除	证	对接职业技能等级证书："新能源汽车动力驱动电机电池技术（高级）"模块技能要求"能诊断引起电机过热的故障，确认故障原因"
	素质目标	1. 树立高压作业安全防护意识； 2. 树立平凡岗位上追求卓越的意识	赛	前期准备，安全检查，仪器连接，故障现象确认，目视检查，读取故障代码与数据流，高压断电，非带电状态检测验证，驱动电机控制系统的元器件测量与机械拆装，故障点确认和排除

（8）连接检查。经过仔细检查，发现动力电池电流传感器接插件在安装时未可靠连接（图9.12）。

图 9.12　电流传感器接插件故障

（9）恢复。恢复故障，车辆上电，READY 灯点亮，车辆恢复正常。
（10）6S 管理。

6. 故障案例分析

纯电动汽车通过电流传感器监测直流母线上的工作电流，该电流信号传输至动力电池管理系统（BMS），然后通过 CAN 总线传输至整车控制器（VCU），由于电流传感器接插件断路，导致 BMS 监测不到电流信号，为了安全起见，仪表会显示故障灯。

7. 总结

（1）动力电池电流传感器异常故障一般是由动力电池内部原因导致的。
（2）BMS 基本都具备电流测量功能，BMS 对电流测量的精度要求很高，因为很多 BMS 的剩余电量估算基于电流计算，高精度的电流计量才能够保证高精度的 SOC 计算。

八、拓展学习

扫描二维码阅读相关内容。

北汽 EV160 直流母线负极断路故障　　动力电池的拆装　　电池模组的拆装与检测

（4）高压下电。断开蓄电池负极，等待5 min，等待车辆高压下电。

（5）断开接插件。断开动力电池高压接插件、低压接插件（图9.9）。

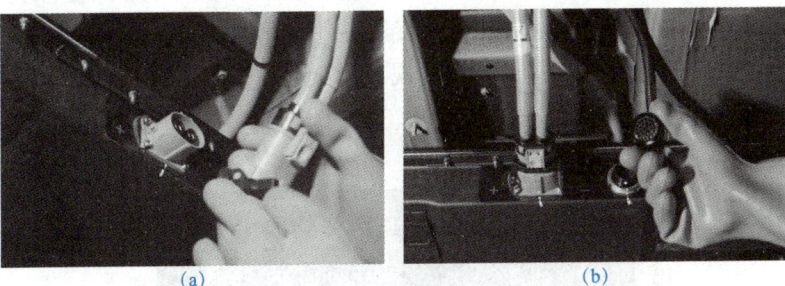

图9.9 断开动力电池接插件
(a) 断开高压接插件；(b) 断开低压接插件

（6）拆卸动力电池。将动力电池举升机放置在合适的位置，使用绝缘套筒拆解动力电池（图9.10）。

图9.10 拆卸动力电池
(a) 放置举升机；(b) 拆卸固定螺栓；(c) 放下动力电池

（7）拆解动力电池。将动力电池移动到合适的位置，打开动力电池上端盖，拆解动力电池内部高压控制盒塑料盖板（图9.11）。

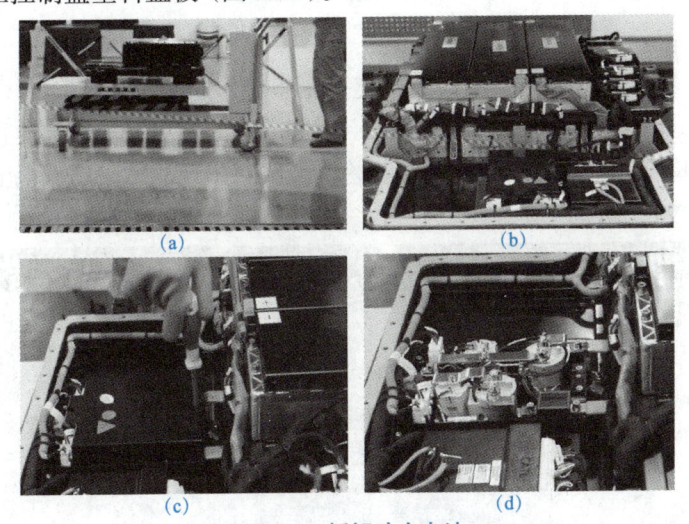

图9.11 拆解动力电池
(a) 放置专用区域；(b) 拆开动力电池盖板；(c) 拆开控制盒盖子；(d) 零部件检查

5. 故障诊断与修复

纯电动汽车动力电池能量回收关闭指示灯点亮故障的诊断、检测与修复过程由故障验证、车辆基本检查、读取诊断仪数据和线路及部件检修组成。

（1）故障验证。通过实车验证，故障现象与描述一致，仪表显示系统故障指示灯、动力电池故障警告灯、能量回收关闭指示灯、READY 灯，伴有声音报警，车辆无法行驶，如图 9.6 所示。

图 9.6　仪表故障显示

（2）车辆基本检查。举升车辆，检查动力电池外观，无异常现象，检查动力电池低压接插件，未出现松动与破损，如图 9.7 所示。

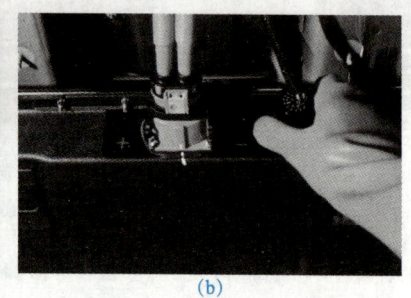

(a)　　　　　　　　　　　　(b)

图 9.7　动力电池检查
(a) 动力电池外观检查；(b) 动力电池低压接插件检查

（3）读取诊断仪数据。将专用诊断仪连接至车辆诊断接口，挂 D 挡行驶，松制动踏板，诊断仪读取动力电池系统故障码与数据流，如图 9.8 所示，动力电池直流母线电流值为 0 A，经初步检查并分析，动力电池电流检测及线束出现故障，动力电池直流母线电流信号异常，如图 9.8 所示。

图 9.8　动力电池系统故障数据

电路信息，不能正确进行逻辑运算。

（3）当 VCU 出现故障时，由于 VCU 不能对车辆运行模式正确判断，导致仪表点亮能量回收关闭指示灯。

（4）当 CAN 通信线路故障时，BMS 与 VCU 之间不能进行信息交互，造成车辆工作模式误判，导致车辆故障。

4. 故障诊断流程

动力电池电流传感器故障诊断流程如图 9.5 所示，应严格按照此流程排除系统故障。

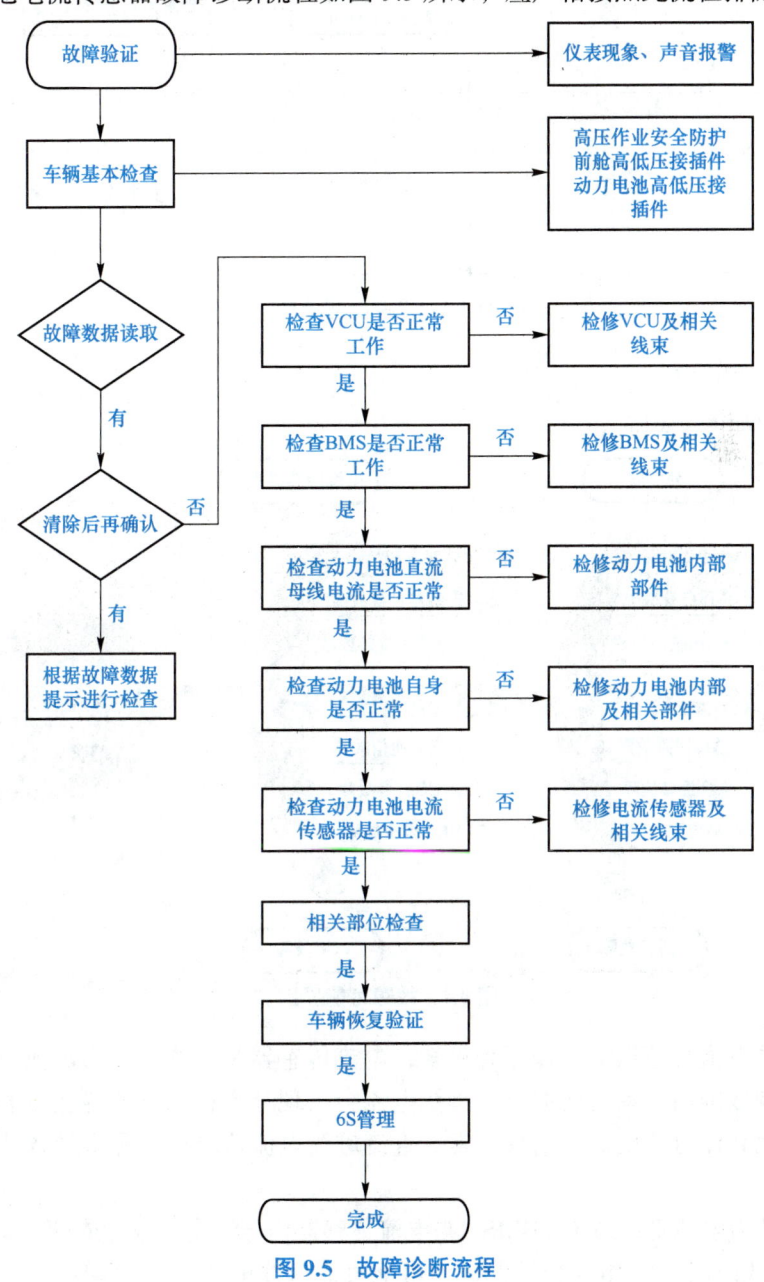

```
故障验证 ──────────────────→ 仪表现象、声音报警

车辆基本检查 ─────────────→ 高压作业安全防护
                            前舱高低压接插件
                            动力电池高低压接插件

故障数据读取
    │有
    ↓
清除后再确认 ──否──→ 检查VCU是否正常工作 ──否──→ 检修VCU及相关线束
    │有                    │是
    ↓                      ↓
根据故障数据            检查BMS是否正常工作 ──否──→ 检修BMS及相关线束
提示进行检查              │是
                          ↓
                       检查动力电池直流母线电流是否正常 ──否──→ 检修动力电池内部部件
                          │是
                          ↓
                       检查动力电池自身是否正常 ──否──→ 检修动力电池内部及相关部件
                          │是
                          ↓
                       检查动力电池电流传感器是否正常 ──否──→ 检修电流传感器及相关线束
                          │是
                          ↓
                       相关部位检查
                          │是
                          ↓
                       车辆恢复验证
                          │是
                          ↓
                       6S管理
                          ↓
                        完成
```

图 9.5 故障诊断流程

2. 动力电池电流工作原理

动力电池管理系统实时采集直流母线的充放电电流值数据，并根据 BMS 中设定的阈值判定动力电池系统工作是否正常，对故障实时监控，动力电池系统通过 BMS 使用 CAN 与整车控制器或车载充电机之间进行通信，对动力电池系统进行充放电电流检测（图 9.3）。

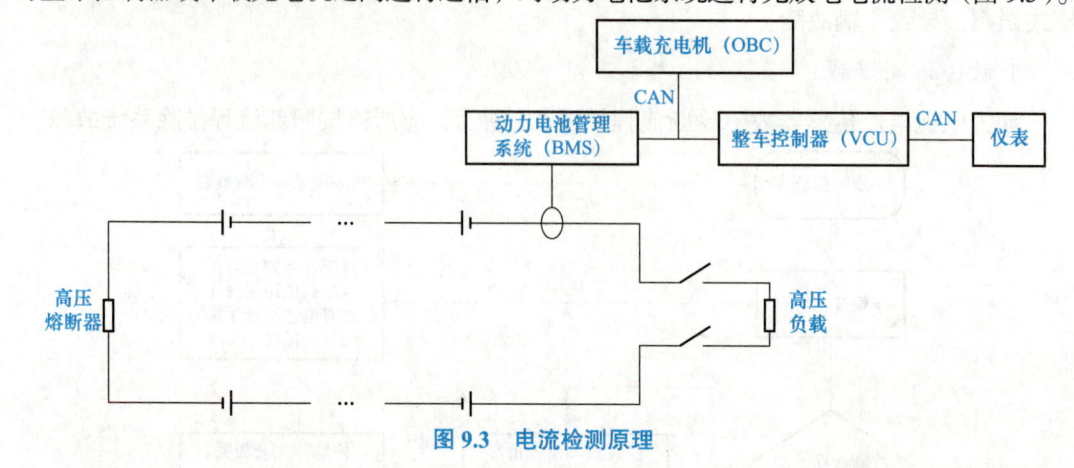

图 9.3 电流检测原理

3. 故障原因分析

故障原因如图 9.4 所示。

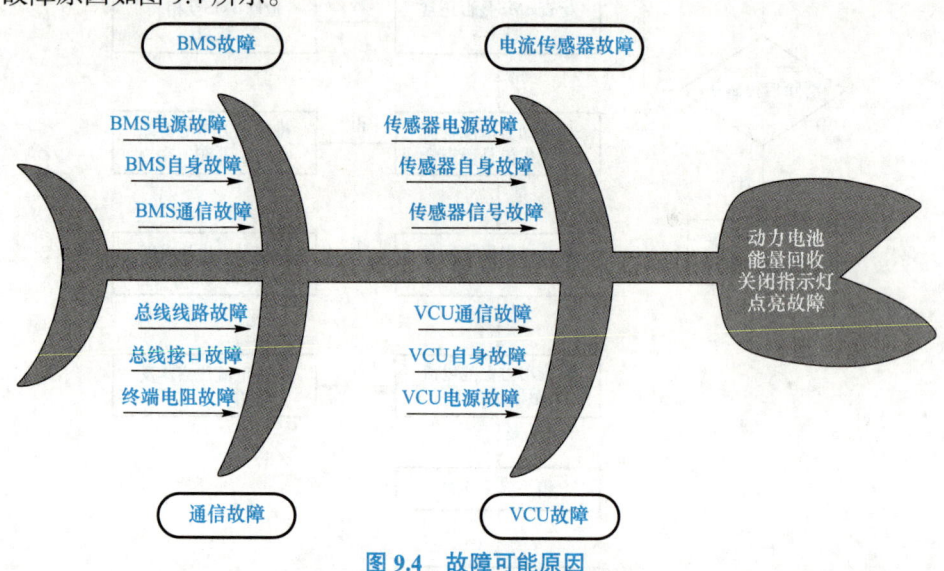

图 9.4 故障可能原因

（1）根据电流传感器的工作原理可知，电流传感器是串联在动力电池内部的，当电流传感器出现故障时，动力电池直流母线电流会出现异常；当电流传感器电源出现故障时，动力电池直流母线电流会出现异常，直流母线电流监测出现异常导致动力电池能量回收异常。

（2）当动力电池管理系统（BMS）与电流传感器信号线出现故障或动力电池管理系统（BMS）局部故障时，BMS 不能监测动力电池直流母线电流，VCU 接收不到正确的母线

一、情境描述

客户陈先生有一辆北汽 EC200 型号的纯电动汽车，打算用车时，打开点火开关，仪表显示系统故障警告灯、电机故障警告灯，READY 指示灯不亮，车辆无法行驶，随即陈先生将车辆送至纯电动汽车服务站，维修技师刘师傅负责对车辆进行故障诊断与维修。

二、任务分组

（1）全班分成若干组，每组固定人数，由教师指定工位并布置任务；
（2）每组从接到任务书起，由组长安排组内分工，完成工作任务；
（3）实训时需经组长报告教师并经教师同意后方可开始；
（4）实训过程中教师考核学生知识应用能力及安全文明、团队合作等职业素养。

学生任务分配表

班级		组号		指导教师	
组长		学号			
组员	姓名		学号		任务分工

三、获取资讯

引导问题 1：请写出纯电动汽车驱动电机温度传感器的功能。

_____

_____

_____

_____

引导问题 2：请绘制纯电动汽车驱动电机温度传感器的安装结构图。

温度传感器安装结构图

引导问题 3：请绘制驱动电机控制器与温度传感器的连接图。

控制器与温度传感器连接图

引导问题 4：请写出纯电动汽车驱动电机温度传感器的工作原理。

_____

_____

_____

引导问题 5：请绘制纯电动汽车驱动电机温度传感器的信号波形。

温度传感器信号波形测量

波形名称	车辆运行前（注意单位）	车辆运行后（注意单位）

引导问题 6：请写出导致驱动电机过热故障的主要原因。

_____

_____

_____

_____

引导问题 7：根据故障现象分析原因，绘制驱动电机过热故障原因树状图。

故障原因树状图

四、计划决策

引导问题 1：请写出纯电动汽车驱动电机温度传感器故障诊断与排除步骤。

计划表

序号	作业项目	操作要点	备注
1			
2			
3			
4			
5			
6			
7			
8			
9			

引导问题 2：请写出故障诊断与排除过程中使用的检测设备、工具、材料清单。

检测设备、工具、材料清单

序号	名称	数量	型号 / 特征参数 / 组成	符合要求
1				
2				
3				
4				
5				
6				
7				
8				
9				
10				
11				
12				
13				
14				
15				
16				
17				
18				

引导问题 3：请勾选实操过程中需要注意的事项，如有增加，可在表格空白处填写。

注意事项

序号	注意事项	选择
1	实训开始前应摘掉饰品，换上实训服，长头发应挽起固定于脑后	□是　□否
2	实训前检查仪表工具状态良好，使用后应立即清理	□是　□否
3	仪表使用后应随时打到 OFF 位，防止仪表受损	□是　□否
4	操作汽车举升机时应严格按照举升机操作规范进行作业	□是　□否
5	车辆底部实训操作时，应佩戴安全帽	□是　□否
6	整车实训时确保钥匙开关处于 LOCK，操作另有要求除外	□是　□否
7	车辆操作时，应施加驻车制动，除非有特定操作要求，置于其他挡位	□是　□否
8		
9		
10		
11		
12		

引导问题 4：计划完成后，由教师进行审核，确定是否可以实施。

计划审核

计划审核	审核意见：
	年　月　日　签字

五、工作实施

引导问题 1：请完成纯电动汽车维修作业前高压作业个人安全防护并填写高压作业个人安全防护用具检查记录表。

高压作业安全防护

高压作业个人安全防护用具检查记录表

（1）检查绝缘手套的气密性		
	绝缘防护电压	
	漏电电流	
	气密性检查方法	
	检查结果	□良好　　□漏气

（2）检查绝缘鞋、护目镜和安全帽外观是否完好		
绝缘鞋外观检查	护目镜外观检查	安全帽外观检查
□良好　　□破损	□良好　　□破损	□良好　　□破损

续表

（3）穿戴高压个人防护用具		
1）穿上维修工服和绝缘鞋		
		维修工服穿戴注意事项：
		穿维修工服的作用：
		绝缘鞋穿戴注意事项：
		穿绝缘鞋的作用：
2）佩戴护目镜		
		佩戴护目镜的注意事项：
		佩戴护目镜的作用：
3）佩戴安全帽		
		安全帽的佩戴规范：
		佩戴安全帽的作用：
4）戴好绝缘手套		
		绝缘手套的使用要求：
		穿戴绝缘手套的作用：

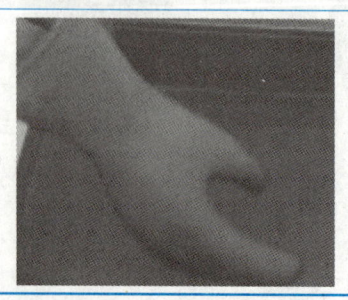

任务十 驱动电机过热故障诊断与排除

引导问题 2：请完成纯电动汽车维修作业前车辆安全防护并填写维修工位与车辆防护记录表。

维修工位与车辆防护记录表

（1）车辆检查及防护			
1）检查车辆停放位置是否合适			
	车辆距双柱距离是否均匀	左右：□是	□否
		前后：□是	□否
	支点数量		
	是否对齐	□是　□否	
2）安装车内三件套			
	三件套名称		
	安装顺序		
	铺设三件套的原因		
3）检查驻车制动器及挡位位置			
	驻车制动器状态	□落下　□提起	
	挡位位置	□R挡　□N挡　□D挡　□E挡	
	注意事项		
4）安放车轮挡块			
	挡块数量	□1　□2　□3　□4	
	车轮挡块安放位置		
	安放挡块原因		
5）在维修工位周围布置警戒带			
	操作对象		
	与车辆距离参考值	前：　　　　后：	
		左：　　　　右：	
	布置警戒带的原因		

续表

6）放置危险警示牌		
	警示牌放置位置	□前机舱盖　　□车顶　　□地面
	放置警示牌的作用	
	说明：	

7）铺设翼子板防护垫		
	翼子板防护垫数量	□1　□2　□3　□4
	铺设翼子板防护垫的原因：	

（2）维修工具检查		
	需要检查的绝缘维修工具	
	绝缘防护电压	
	外观	□良好　　□破损

（3）绝缘垫检查		
	外观检查	□砂眼　□老化　□厚度　□破裂　□其他
	绝缘电阻测试	
	说明	

（4）灭火器器材检查		
	灭火器有效期检查	□是　　□否
	灭火器部件检查	压力指示检查：　　□是　□否 喷射软管的检查：　□是　□否 保险机构的检查：　□是　□否 标识的检查：　　　□是　□否 外观检查：　　　　□是　□否

引导问题 3：请完成纯电动汽车检修前的基本检查并完成下表。

基本检查表

辅助蓄电池电压	电压值：_____V	□正常	□异常
高压部件安装	□正常	□异常	
连接器连接情况	□正常	□异常	

引导问题 4：请完成纯电动汽车故障现象确认并填写故障现象确认表。

故障现象确认表

点火钥匙位置：□START □ON □ACC □LOCK	
READY 指示灯：□熄灭 □点亮	续航里程：_____km
挡位情况：□R挡 □N挡 □D挡 □E挡	动力电池电压：_____V
仪表显示：_____	

故障现象

引导问题 5：请使用专用解码仪读取纯电动汽车驱动电机温度传感器故障产生的故障代码并完成下表。

故障代码

数据读取

故障代码	□有	□无
序号	故障代码	含义
1		
2		
3		
4		

引导问题 6：请使用专用解码仪读取纯电动汽车驱动电机温度传感器故障产生异常的数据流并完成下表。

数据流

序号	数据流名称	标准值	实测值	判定
1				
2				
3				
4				

续表

序号	数据流名称	标准值	实测值	判定
5				
6				
7				

引导问题 7：根据专用解码仪读取的故障代码与数据流，分析可能的故障原因并完成下表。

故障原因分析

故障原因

器件故障	
信号故障	
模块故障	
总线故障	
线束故障	
其他故障	

故障类型：熔断器、CAN 总线、供电电源、搭铁、继电器、线束、控制信号、BMS（电池管理系统）、VCU、单体电池

引导问题 8：根据已分析故障可能产生的原因，写出故障排除的步骤。

爱岗敬业　　故障排除

测量步骤

序号	测量条件	测量部件	测量部位	标准值	实测值	判定
1						
2						
3						
4						
5						
6						
7						
8						
9						
10						

小提示：参考如下填写方式。

参考填写方式

序号	测量条件	测量部件	测量部位	标准值	实测值	判定
1	ON 挡	熔断器	上端对地电压	12 V	12 V	正常 / 异常

引导问题 9：根据确定故障部位，分析导致故障现象的机理。

_____

_____

_____

_____

故障总结

引导问题 10：根据确定故障部位，确定故障诊断结论并完成下表。

诊断结论

诊断结论	器件故障	□熔断器	□元器件	□继电器
	器件编号			
	线路故障	□断路	□虚接	□对正极短路
	线路区间			
	线路故障	□对负极短路	□线路混搭	
	线路区间			
	部件故障			

引导问题 11：请在纯电动汽车驱动电机温度传感器故障排除后，验证车辆。
（1）打开点火开关读取车辆仪表信息并完成下表。

现象验证

	防护工具	
	测试设备	
	警示牌名称	
	仪表提示	

（2）连接解码仪，查询故障代码并完成下表。

故障代码验证

故障代码	☐有		☐无
序号	故障代码		含义
1			
2			
3			
4			
5			
6			
7			

（3）读取数据流并完成下表。

数据流验证

序号	数据流名称	标准值	实测值	判定
1				
2				
3				
4				
5				
6				
7				

引导问题 12：纯电动汽车故障诊断与排除后，写出需要维修人员完成的工作内容。

_____

_____

_____

注：以上实操内容根据工位实际情况填写，若无，则不填。

六、评价反馈

根据学生活动过程中的表现进行小组自评、小组互评和教师评价。

活动过程小组自评表

班级		组名		日期	
评价指标	评价要求			分数	分数评定
信息资讯	能够利用网络资源、车辆维修手册、学习信息页查找有效信息			10	
	能够用自己的语言清晰、有条理地回答课堂问题				
	能够有效地将搜索的知识转换到课堂学习中				
职业素养	能够熟悉自己的任务分工,认同自己的劳动价值			10	
	能够在实训过程中清晰认识到纯电动汽车维修安全要求				
	能够有效提高个人的高压危险作业防护意识				
思政素养	能够通过思政讨论、思政点背景查询,清晰理解"平凡岗位上追求卓越"深入内涵			10	
课堂参与	与教师之间能够保持尊重、理解、平等的交流			10	
	与同学之间能够保持多向、丰富、适当的信息交流				
	能够自主学习,不流于形式,独立思考问题,做到有效学习			10	
	能够针对课堂问题提出建设性意见或看法				
	能够按照实操要求规范操作				
	实训小组内部能够协同操作				
学习能力	能够独立或小组协作使用课程资源自主学习			10	
	能够独立或小组协作计划决策,体现思维逻辑性、有效性				
	能够获得进一步发展的能力				
技能实操	遵守实训室管理规定、个人实训着装规定			15	
	遵守实训过程操作规范要求				
	遵守实训设备使用操作规范,不违规操作设备				
	能够保证课堂出勤,做到不迟到不早退				
	能够积极参与课堂活动,积极完成任务工单				
	能够多角度思考问题,主动发现、提出有价值的问题				
思维状态	能够发现问题、提出问题、分析问题、解决问题、创新问题			10	
评价反馈	能够按时按质完成工作任务			15	
	能够掌握碎片化专业知识点				
	具有较强的信息分析能力和理解能力;具有较为全面、严谨的思维能力,并能清晰表达				
	自评分数				

续表

有益的经验和做法	
总结反思建议	

活动过程小组互评表

班级		组名		日期	
评价指标	评价要求			分数	分数评定
信息资讯	该组能够利用网络资源、车辆维修手册、学习信息页查找有效信息			10	
	该组能够用自己的语言清晰、有条理地回答课堂问题				
	该组能够有效地将搜索的知识转换到课堂学习中				
职业素养	该组能够熟悉自己的任务分工，认同自己的劳动价值			10	
	该组能够在实训过程中清晰认识到纯电动汽车维修安全要求				
	该组能够有效提高高压危险作业防护意识				
思政素养	该组能够通过思政讨论、思政点背景查询，清晰理解"平凡岗位上追求卓越"深入内涵			10	
课堂参与	该组与教师之间能够保持尊重、理解、平等的交流			10	
	该组同学之间能够保持多向、丰富、适当的信息交流				
	该组能够自主学习，不流于形式，独立思考问题，做到有效学习			10	
	该组能够针对课堂问题提出建设性意见或看法				
	该组能够按照实操要求规范操作				
	实训小组内部能够协同操作				
学习能力	该组能够独立或小组之间协作使用课程资源自主学习			10	
	该组能够独立或小组之间协作计划决策，体现思维逻辑性、有效性				
	该组能够获得进一步发展的能力				
技能实操	该组遵守实训室管理规定、个人实训着装规定			15	
	该组遵守实训过程操作规范要求				
	该组遵守实训设备使用操作规范，不违规操作设备				
	该组能够保证课堂出勤，做到不迟到不早退				
	该组能够积极参与课堂活动，积极完成任务工单				
	该组能够多角度思考问题，主动发现、提出有价值的问题				

续表

评价指标	评价要求	分数	分数评定
思维状态	该组能够发现问题、提出问题、分析问题、解决问题、创新问题	10	
评价反馈	该组能够按时按质完成工作任务	15	
	该组能够掌握碎片化专业知识点		
	该组具有较强的信息分析能力和理解能力；具有较为全面、严谨的思维能力，并能清晰表达		
互评分数			
简要评述			

教师评价表

班级		组名		日期		
出勤						
		评价要求		分数	分数评定	
一	任务描述、接受任务	口述任务内容细节	表述仪态自然、吐字清晰	2	表述仪态不自然或吐字模糊扣1分	
			表达思路清晰、层次分明、准确		表达思路模糊或层次不清扣1分	
二	任务分析、任务分工	分析操作流程，分组分工	操作流程关键点分析准确	3	操作流程关键点分析不准确扣1分	
			知识回顾完整，分组分工明确		知识回顾不完整扣1分，分组分工不明确扣1分	
三	计划决策	操作流程	合理、可执行、完整	5	1处不合理扣1分，扣完为止；不能执行、不完整，扣5分	
		设备、工具、材料	设备、工具、材料准备齐全	3	设备、工具、材料缺1个扣1分，扣完为止	
四	课程思政	思政背景	背景基础扎实、发展历程清晰、感悟能够内化，指导实践	10	表述仪态不自然或吐字模糊扣1分，观点不清晰扣1分，扣完为止	
		思政感悟				

续表

		评价要求		分数	分数评定	
五	工作实施	高压作业个人安全防护用具检查、使用	设备、工具、材料准备	3	每漏1项扣1分，扣完为止	
			资料准备	2	实操期间缺失1项扣1分，扣完为止	
			正确检查、佩戴防护用具	5	每错1项扣1分，扣完为止	
		维修工位与车辆防护	设备、工具、材料准备	2	每漏1项扣1分，扣完为止	
			正确进行工位与车辆防护检查与布置	10	每错1项扣1分，扣完为止	
		车辆高压下电	高压下电流程安全、合理	10	不合理1处扣1分，扣完为止	
		故障排除	准确、规范检查驱动电机控制系统线路	25	每次不规范操作扣1分；检查错误分数扣完	
		现场恢复	保证6S、三步落地	3	每漏1项扣1分，扣完为止	
			设备、工具、材料、车辆恢复整理	2	每违反1项扣1分，扣完为止	
六	总结	任务总结	依据自评表分数	2		
			依据互评表分数	3		
			依据个人总结评价	10	依据内容酌情给分	
		合计		100		

七、相关知识点

纯电动汽车驱动电机热量控制部分由驱动电机绕组温度传感器（以下简称温度传感器）、驱动电机控制器和冷却装置组成。为了防止驱动电机绕组因温度过高而烧毁，由温度传感器采集驱动电机绕组温度，驱动电机控制器根据温度传感器的信号监控驱动电机的实时温度，当温度过高时，及时通过风冷或水冷的方式调节电机温度。温度传感器如图10.1所示。

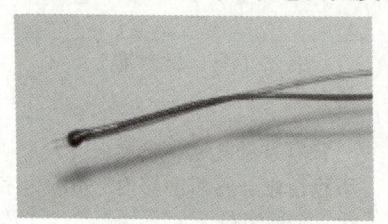

图10.1 温度传感器

1. 温度传感器安装位置

温度传感器安装于电机定子绕组内部，主要由热敏电阻、烧结电极、引线、探头等组成，如图10.2所示。

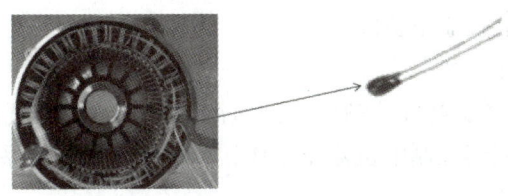

图10.2 温度传感器结构及位置

2. 温度传感器工作原理

温度传感器热敏电阻为负温度系数电阻，当驱动电机绕组温度处于正常范围内时，温度传感器处于高阻状态，此时驱动电机正常运转；当驱动电机绕组温度过高时，温度传感器阻值随温度升高而下降（图10.3）；当驱动电机控制器接收到的驱动电机温度超过内部设定值时，驱动电机控制器启动冷却装置对电机进行冷却，防止电机损坏。

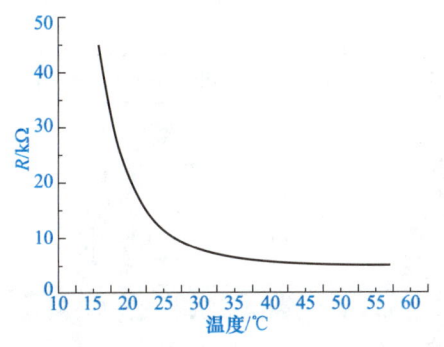

图10.3 热敏电阻阻值与温度关系

纯电动汽车驱动电机温度监测一般采用冗余设计，即使用两个温度传感器。如图10.4所示，驱动电机控制器（MCU）同时采集温度传感器1与温度传感器2的信号。温度传感器的检测方法详阅维修手册。

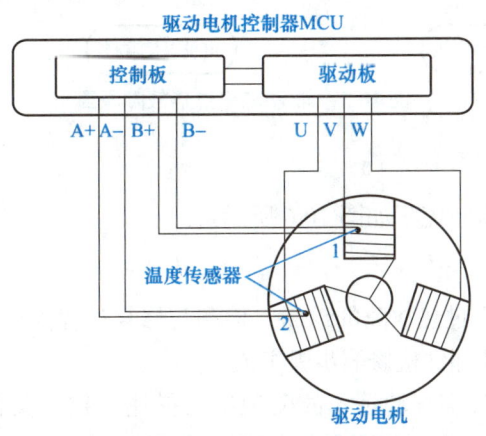

图10.4 温度传感器监测电路

3. 故障原因分析

过热故障导致电机功率受限或停机的原因：

（1）当纯电动汽车驱动电机控制器实时监测两个温度传感器，发现电机工作温度较高时，驱动电机控制器会控制电机降功率运行；当监测到电机工作温度特别高时，驱动电机控制器会控制电机停止工作。

（2）当纯电动汽车驱动电机控制器无法监测到电机工作温度信号时，系统进入应急模式，此时驱动电机控制器控制电机停止工作，以保护电机驱动系统。

造成电机过热的原因：

（1）根据永磁同步电机的结构可知，当驱动电机存在机械方面故障时，会导致电机运转不顺，造成驱动电机温度过高。其主要原因有电机转子卡死、转子扫膛、轴承磨损、冷却风扇损坏等。

（2）根据驱动电机控制器温度监测原理可知，当驱动电机温度监测系统与冷却系统存在电气故障时，会导致驱动电机温度过高，其主要原因有温度监测传感器线路故障、电源故障、自身故障及冷却系统的散热器脏堵、风扇电机损坏、风扇电机线路故障等，如图 10.5 所示。

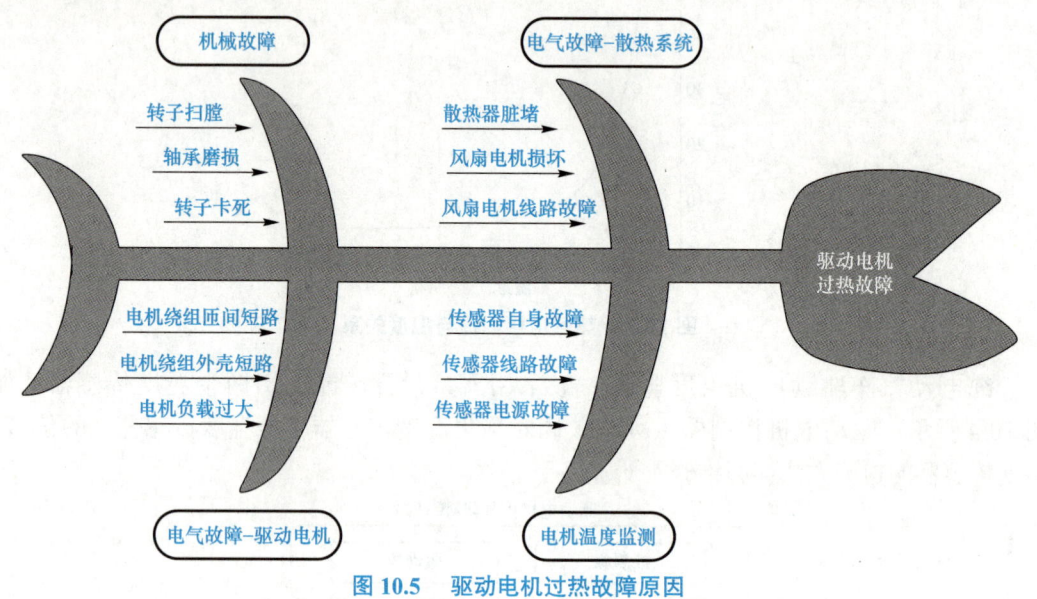

图 10.5 驱动电机过热故障原因

4. 故障诊断流程

驱动电机过热故障诊断流程如图 10.6 所示。

5. 故障诊断与修复

纯电动汽车驱动电机过热故障的诊断、检测与修复过程由故障验证、车辆基本检查、读取诊断仪数据和线路及部件检修等步骤组成。

（1）故障验证。通过实车验证，故障现象与描述一致，仪表系统故障指示灯点亮、电机故障警告灯点亮、READY 灯不亮，车辆无法行驶，如图 10.7 所示。

任务十 驱动电机过热故障诊断与排除

```
故障验证 ────────────→ 仪表现象、声音报警
   ↓
车辆基本检查 ──────────→ 高压作业安全防护
   ↓                    前舱高低压接插件
                        动力电池高低压接插件
故障数据读取
   ↓有/否
清除后再确认
   ↓有
根据故障数据
提示进行检查

检查驱动电机控制器    否    检修驱动电机控制器
三相电流是否正常  ───→  及三相高压线束
   ↓是
检查驱动电机是否     否    检修驱动电机
转动          ───→
   ↓是
拆解驱动电机，检查   否    维修或更换转子或
转子及其轴承    ───→    转子轴承
   ↓是
拆解减速器，检查    否    维修或更换轴承或
轴承及齿轮     ───→    齿轮
   ↓是
检查散热风扇是否    否    维修散热风扇及
正常         ───→    相关电路
   ↓是
相关部位检查
   ↓是
车辆恢复验证
   ↓是
6S管理
   ↓
完成
```

图 10.6　故障诊断流程

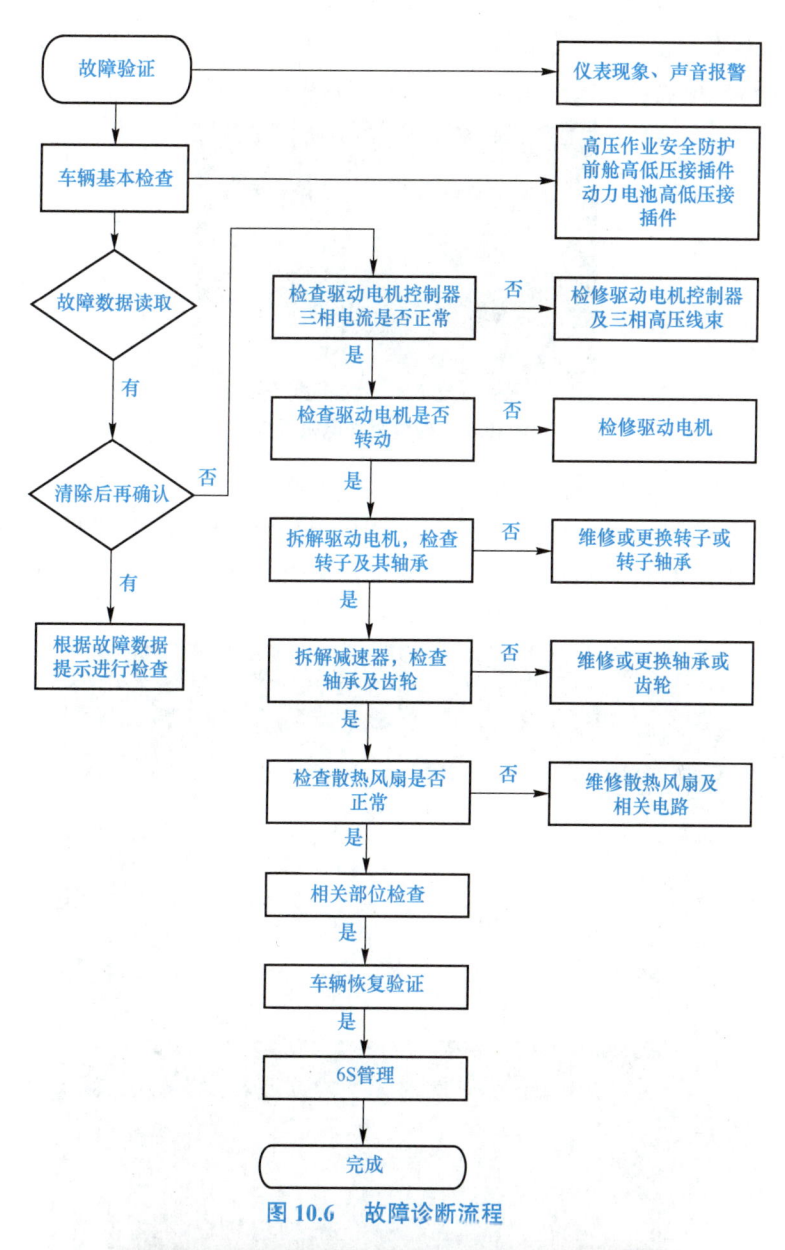

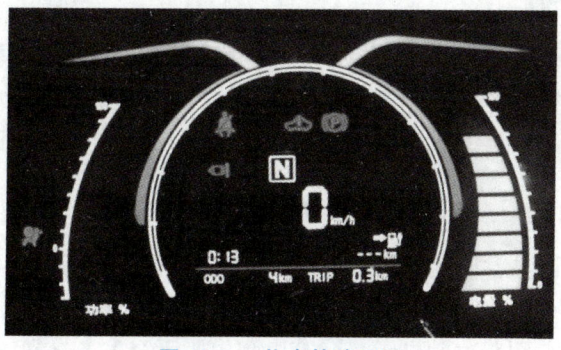

图 10.7　仪表故障显示

（2）车辆基本检查。举升车辆，用手触摸驱动电机本体、轴承，没有温度过高现象，检查驱动电机低压接插件，未出现松动及破损，如图10.8所示。

图10.8　检查驱动电机温度

（3）读取诊断仪数据。将专用诊断仪连接至车辆诊断接口，诊断仪显示驱动电机系统故障代码：P0A2F98 电机过温故障，P0A001C 电机温度检测回路故障。读取驱动电机系统数据流：驱动电机当前温度207 ℃。经初步检查并分析，温度传感器及线束出现故障，驱动电机温度信号异常，如图10.9所示。

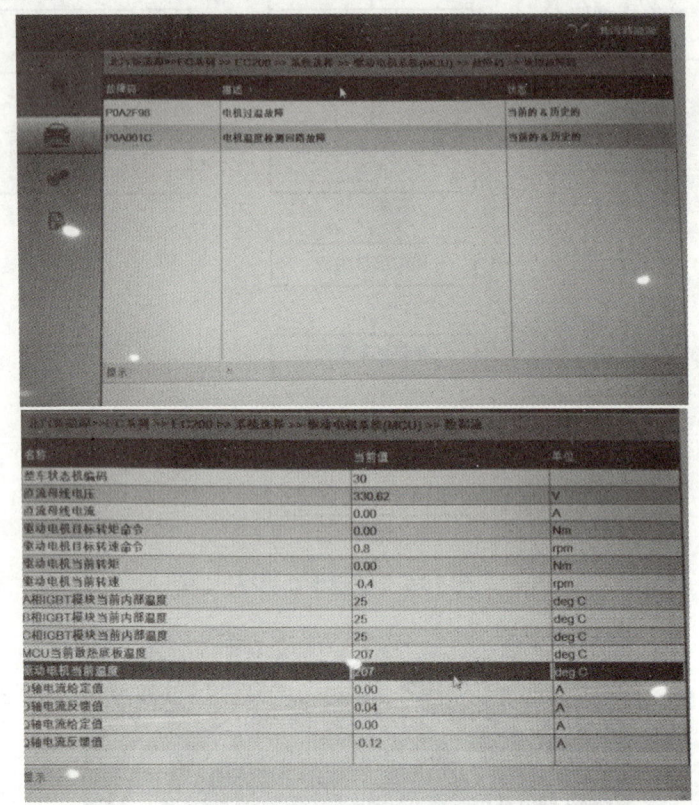

图10.9　驱动电机系统故障数据

（4）高压下电。断开蓄电池负极，等待5 min，等待车辆高压下电。

（5）温度传感器及线路测量。断开驱动电机控制器（MCU）低压接插件U07，测量U07/3D引脚与U07/3E引脚之间电阻值，其电阻值为无穷大，异常（图10.10）。

· 224 ·

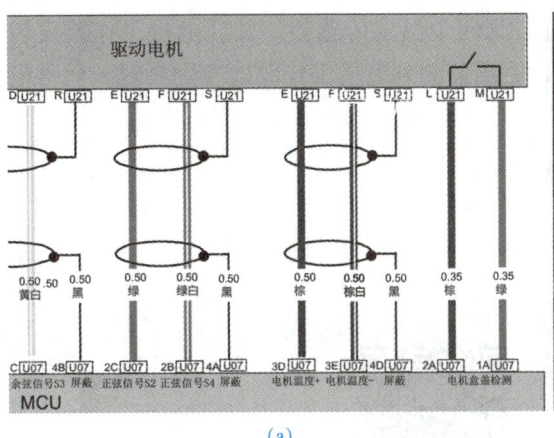

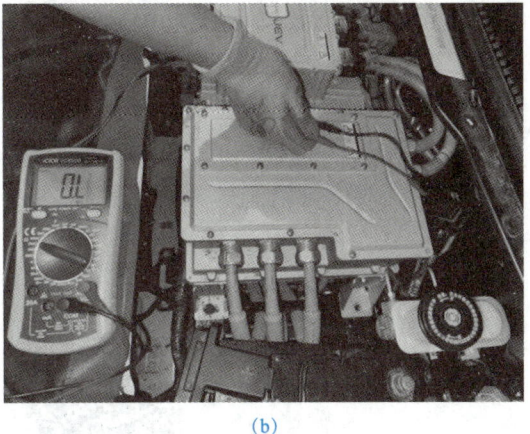

图 10.10　断开低压接插件
(a) 连接电路图；(b) U07/3D—U07/3E 电阻值检测

（6）线路测量。断开驱动电机低压接插件 U21，测量 MCU 低压接插件 U07/3D 引脚与 U21/E 引脚之间电阻值，其电阻值为 0 Ω，正常；测量 MCU 低压接插件 U07/3E 引脚与 U21/F 引脚之间电阻值，其电阻值为无穷大，异常，线束断路（图 10.11）。

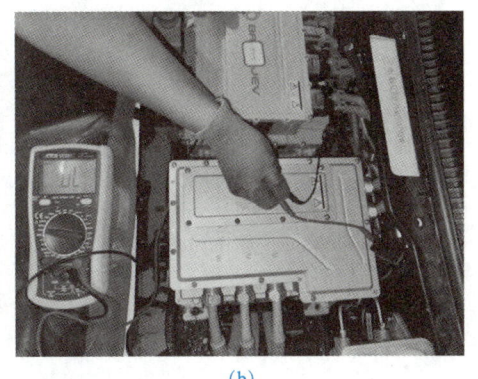

图 10.11　温度传感器线路检测
(a) U07/3D—U21/E 电阻值检测；(b) U07/3E—U21/F 电阻值检测

（7）恢复。恢复故障，车辆上电，READY 灯点亮，车辆恢复正常。
（8）6S 管理。

6. 故障案例分析

纯电动汽车通过驱动电机定子中的两个温度传感器监测驱动电机工作温度，该温度信号通过低压线束传递到驱动电机控制器。若该信号线断路或短路，驱动电机控制器接收不到正常温度反馈信号，基于安全考虑，系统会报告电机过热故障，并通过组合仪表显示故障。

7. 总结

（1）纯电动汽车驱动电机及控制系统产生的热量，主要是通过驱动电机控制器控制风冷或水冷方式进行散热。

（2）当纯电动汽车驱动电机控制器实时监测两个温度传感器，发现电机工作温度较高时，驱动电机控制器会控制电机降功率运行；当监测到电机工作温度特别高时，驱动电机控制器会控制电机停止工作。

八、拓展学习

扫描二维码阅读相关内容。

北汽 EV160
驱动电机温度
监测线路断路

新技术——轮毂
电机分布式驱动
控制系统

任务十一

驱动电机异响故障诊断与排除

项目编号			成　绩	
姓　名			班　级	
日　期			教师签名	
教学目标	知识目标	1. 掌握驱动电机异响的故障原因； 2. 掌握驱动电机异响故障的诊断流程	岗	对接纯电动汽车机电维修岗位典型工作任务"驱动电机异响故障排除"
	能力目标	1. 能够根据故障诊断流程进行纯电动汽车驱动电机异响故障的诊断； 2. 能够自主制订工作计划，严格按照企业实践操作规范，开展纯电动汽车驱动电机异响故障诊断与排除	证	对接职业技能等级证书："新能源汽车动力驱动电机电池技术（高级）"模块技能要求"能诊断因驱动电机的线束、连接器、端子损坏或断开引起的故障""能诊断因驱动电机控制器的线束、连接器、端子损坏或断开引起的故障"
	素质目标	1. 树立高压作业安全防护意识； 2. 养成注意细节的习惯，树立追求卓绝的意识	赛	前期准备，安全检查，仪器连接，故障现象确认，目视检查，读取故障代码与数据流，高压断电，非带电状态检测验证，驱动电机控制系统的元器件测量与机械拆装，故障点确认和排除

一、情境描述

客户陈先生有一辆北汽 EC200 型号的纯电动汽车，打算用车时，打开点火开关，仪表显示 READY 灯，无故障灯提示，挡位旋至 D 挡，松手刹，缓慢松制动踏板，驱动电机发出"隆隆"的响声，车辆无法行驶，随即陈先生将车辆送至纯电动汽车服务站，维修技师刘师傅负责对车辆进行故障诊断与维修。

二、任务分组

（1）全班分成若干组，每组固定人数，由教师指定工位并布置任务；
（2）每组从接到任务书起，由组长安排组内分工，完成工作任务；
（3）实训时需经组长报告教师并经教师同意后方可开始；
（4）实训过程中教师考核学生知识应用能力及安全文明、团队合作等职业素养。

学生任务分配表

班级		组号		指导教师	
组长		学号			
组员	姓名	学号		任务分工	

三、获取资讯

引导问题 1： 请写出纯电动汽车驱动电机类型及其特征。

_____

_____

_____

_____

引导问题 2：请绘制纯电动汽车驱动电机内部结构图。

驱动电机内部结构图

引导问题 3：请绘制纯电动汽车驱动电机控制器与驱动电机的高、低压电气连接图。

驱动电机控制器与驱动电机电气连接图

引导问题 4：结合上图，请说明纯电动汽车驱动电机控制器控制驱动电机的原理。

_____

_____

_____

引导问题 5：请写出导致纯电动汽车驱动电机异响的主要原因。

_____

_____

_____

引导问题 6：根据故障现象分析原因，绘制驱动电机异响故障原因树状图。

故障原因树状图

四、计划决策

引导问题 1：请写出纯电动汽车驱动电机异响故障诊断与排除步骤的作业项目与操作内容。

故障诊断与排除

序号	作业项目	操作内容	备注
1			
2			
3			
4			
5			
6			

引导问题 2：请写出故障诊断与排除过程中使用的检测设备、工具、材料清单。

检测设备、工具、材料清单

序号	名称	数量	型号/特征参数/组成	符合要求
1				
2				
3				
4				
5				

续表

序号	名称	数量	型号/特征参数/组成	符合要求
6				
7				
8				
9				
10				
11				
12				
13				
14				
15				
16				

引导问题 3：请勾选实操过程中需要注意的事项，如有增加，可在表格空白处填写。

注意事项

序号	注意事项	选择
1	实训开始前应摘掉饰品，换上实训服，长头发应挽起固定于脑后	□是　□否
2	实训前检查仪表工具状态良好，使用后应立即清理	□是　□否
3	仪表使用后应随时打到 OFF 位，防止仪表受损	□是　□否
4	操作汽车举升机时应严格按照举升机操作规范进行作业	□是　□否
5	车辆底部实训操作时，应佩戴绝缘帽	□是　□否
6	整车实训时确保钥匙开关处于 LOCK，操作另有要求除外	□是　□否
7	车辆操作时，应施加驻车制动，除非有特定操作要求，置于其他挡位	□是　□否
8		
9		
10		
11		
12		
13		
14		
15		
16		
17		

引导问题 4： 计划完成后，由教师进行审核，确定是否可以实施。

计划审核

计划审核	审核意见：
	年　月　日　　签字

五、工作实施

引导问题 1： 请完成纯电动汽车维修作业前高压作业个人安全防护并填写高压作业个人安全防护用具检查记录表。

高压作业安全防护

高压作业个人安全防护用具检查记录表

（1）检查绝缘手套的气密性			
	绝缘防护电压		
	漏电电流		
	气密性检查方法		
	检查结果	□良好	□漏气
（2）检查绝缘鞋、护目镜和安全帽外观是否完好			
绝缘鞋外观检查		护目镜外观检查	安全帽外观检查
□良好　　□破损		□良好　　□破损	□良好　　□破损

续表

(3）穿戴高压个人防护用具	
1）穿上维修工服和绝缘鞋	
	维修工服穿戴注意事项：
	穿维修工服的作用：
	绝缘鞋穿戴注意事项：
	穿绝缘鞋的作用：
2）佩戴护目镜	
	佩戴护目镜的注意事项：
	佩戴护目镜的作用：
3）佩戴安全帽	
	安全帽的佩戴规范：
	佩戴安全帽的作用：
4）戴好绝缘手套	
	绝缘手套的使用要求：
	穿戴绝缘手套的作用：

引导问题 2：请完成纯电动汽车维修作业前车辆安全防护并填写维修工位与车辆防护记录表。

维修工位与车辆防护记录表

（1）车辆检查及防护			
1）检查车辆停放位置是否合适			
	车辆距双柱距离是否均匀	左右：□是　□否　前后：□是　□否	
	支点数量		
	是否对齐	□是　　□否	
2）安装车内三件套			
	三件套名称		
	安装顺序		
	铺设三件套的原因		
3）检查驻车制动器及挡位位置			
	驻车制动器状态	□落下　□提起	
	挡位位置	□R挡　□N挡　□D挡　□E挡	
	注意事项		
4）安放车轮挡块			
	挡块数量	□1　□2　□3　□4	
	车轮挡块安放位置		
	安放挡块原因		
5）在维修工位周围布置警戒带			
	操作对象		
	与车辆距离参考值	前：　　　　　后：　左：　　　　　右：	
	布置警戒带的原因		

续表

6）放置危险警示牌		
	警示牌放置位置	□前机舱盖　□车顶　□地面
	放置警示牌的作用	
	说明：	

7）铺设翼子板防护垫		
	翼子板防护垫数量	□1　□2　□3　□4
	铺设翼子板防护垫的原因：	

（2）维修工具检查		
	需要检查的绝缘维修工具	
	绝缘防护电压	
	外观	□良好　□破损

（3）绝缘垫检查		
	外观检查	□砂眼　□老化　□厚度　□破裂　□其他
	绝缘电阻测试	
	说明	

（4）灭火器器材检查		
	灭火器有效期检查	□是　□否
	灭火器部件检查	压力指示检查：　□是　□否 喷射软管的检查：　□是　□否 保险机构的检查：　□是　□否 标识的检查：　□是　□否 外观检查：　□是　□否

引导问题 3：请完成纯电动汽车检修前的车辆基本检查并完成下表。

基本检查

辅助蓄电池电压	电压值：_____V	☐正常	☐异常
高压部件安装		☐正常	☐异常
连接器连接情况		☐正常	☐异常

引导问题 4：请完成纯电动汽车故障现象确认并填写故障现象确认表。

故障现象

故障现象确认表

点火钥匙位置：☐START ☐ON ☐ACC ☐LOCK	
READY 指示灯：☐熄灭 ☐点亮	续航里程：_____km
挡位情况：☐R挡 ☐N挡 ☐D挡 ☐E挡	动力电池电压：_____V
仪表显示：_____	

引导问题 5：请使用专用解码仪读取纯电动汽车驱动电机温度传感器故障产生的故障代码并完成下表。

数据读取

故障代码

故障代码	☐有	☐无
序号	故障代码	含义
1		
2		
3		
4		

引导问题 6：请使用专用解码仪读取纯电动汽车驱动电机异响故障产生的相关数据流并完成下表。

数据流

序号	数据流名称	标准值	实测值	判定
1				
2				
3				
4				

续表

序号	数据流名称	标准值	实测值	判定
5				
6				
7				
8				
9				

引导问题 7：根据专用解码仪读取的故障代码与数据流，分析可能的故障原因并完成下表。

故障原因分析

故障原因

器件故障	
信号故障	
模块故障	
总线故障	
线束故障	
其他故障	

故障类型：熔断器、CAN 总线、供电电源、搭铁、继电器、线束、控制信号、BMS（电池管理系统）、VCU、单体电池

引导问题 8：根据已分析故障可能产生的原因，写出故障排除的步骤。

追求卓越　　故障排除

测量步骤

序号	测量条件	测量部件	测量部位	标准值	实测值	判定
1						
2						
3						
4						
5						
6						
7						
8						
9						
10						

小提示：参考如下填写方式。

参考填写方式

序号	测量条件	测量部件	测量部位	标准值	实测值	判定
1	ON 挡	熔断器	上端对地电压	12 V	12 V	正常 / 异常

引导问题 9：根据确定故障部位，分析导致故障现象的机理。

故障总结

引导问题 10：根据确定故障部位，确定故障诊断结论并完成下表。

诊断结论

诊断结论	器件故障	□熔断器	□元器件	□继电器	其他
	器件编号				
	线路故障	□断路	□虚接	□对正极短路	其他
	线路区间				
	线路故障	□对负极短路	□线路混搭		其他
	线路区间				
	部件故障				

引导问题 11：请在纯电动汽车驱动电机异响故障排除后，验证车辆。
（1）打开点火开关，读取车辆仪表信息，并完成下表。

现象验证

防护工具	
测试设备	
警示牌名称	
仪表提示	

（2）连接解码仪，读取故障代码并完成下表。

故障代码验证

故障代码	□有	□无
序号	故障代码	含义
1		
2		
3		

（3）读取数据流并完成下表。

数据流验证

序号	数据流名称	标准值	实测值	判定
1				
2				
3				
4				
5				

引导问题12： 纯电动汽车故障诊断与排除后，写出需要维修人员完成的工作内容。

_____

_____

_____

_____

注：以上实操内容根据工位实际情况填写，若无，则不填。

六、评价反馈

根据学生活动过程中的表现进行小组自评、小组互评和教师评价。

活动过程小组自评表

班级		组名		日期	
评价指标	评价要求			分数	分数评定
信息资讯	能够利用网络资源、车辆维修手册、学习信息页查找有效信息			10	
信息资讯	能够用自己的语言清晰、有条理地回答课堂问题			10	
信息资讯	能够有效地将搜索的知识转换到课堂学习中			10	
职业素养	能够熟悉自己的任务分工，认同自己的劳动价值			10	
职业素养	能够在实训过程中清晰认识到纯电动汽车维修安全要求			10	
职业素养	能够有效提高个人的高压危险作业防护意识			10	
思政素养	能够通过思政讨论、思政点背景查询，清晰理解"注意细节、追求卓绝"深入内涵			10	

续表

评价指标	评价要求	分数	分数评定
课堂参与	与教师之间能够保持尊重、理解、平等的交流	10	
	与同学之间能够保持多向、丰富、适当的信息交流		
	能够自主学习，不流于形式，独立思考问题，做到有效学习	10	
	能够针对课堂问题提出建设性意见或看法		
	能够按照实操要求规范操作		
	实训小组内部能够协同操作		
学习能力	能够独立或小组协作使用课程资源自主学习	10	
	能够独立或小组协作计划决策，体现思维逻辑性、有效性		
	能够获得进一步发展的能力		
技能实操	遵守实训室管理规定、个人实训着装规定	15	
	遵守实训过程操作规范要求		
	遵守实训设备使用操作规范，不违规操作设备		
	能够保证课堂出勤，做到不迟到不早退		
	能够积极参与课堂活动，积极完成任务工单		
	能够多角度思考问题，主动发现、提出有价值的问题		
思维状态	能够发现问题、提出问题、分析问题、解决问题、创新问题	10	
评价反馈	能够按时按质完成工作任务	15	
	能够掌握碎片化专业知识点		
	具有较强的信息分析能力和理解能力；具有较为全面、严谨的思维能力，并能清晰表达		
自评分数			

有益的经验和做法	
总结反思建议	

活动过程小组互评表

班级		组名		日期	
评价指标	评价要求			分数	分数评定
信息资讯	该组能够利用网络资源、车辆维修手册、学习信息页查找有效信息			10	
	该组能够用自己的语言清晰、有条理地回答课堂问题				
	该组能够有效地将搜索的知识转换到课堂学习中				
职业素养	该组能够熟悉自己的任务分工,认同自己的劳动价值			10	
	该组能够在实训过程中清晰认识到纯电动汽车维修安全要求				
	该组能够有效提高高压危险作业防护意识				
思政素养	该组能够通过思政讨论、思政点背景查询,清晰理解"注意细节、追求卓绝"深入内涵			10	
课堂参与	该组与教师之间能够保持尊重、理解、平等的交流			10	
	该组同学之间能够保持多向、丰富、适当的信息交流				
	该组能够自主学习,不流于形式,独立思考问题,做到有效学习			10	
	该组能够针对课堂问题提出建设性意见或看法				
	该组能够按照实操要求规范操作				
	实训小组内部能够协同操作				
学习能力	该组能够独立或小组之间协作使用课程资源自主学习			10	
	该组能够独立或小组之间协作计划决策,体现思维逻辑性、有效性				
	该组能够获得进一步发展的能力				
技能实操	该组遵守实训室管理规定、个人实训着装规定			15	
	该组遵守实训过程操作规范要求				
	该组遵守实训设备使用操作规范,不违规操作设备				
	该组能够保证课堂出勤,做到不迟到不早退				
	该组能够积极参与课堂活动,积极完成任务工单				
	该组能够多角度思考问题,主动发现、提出有价值的问题				
思维状态	该组能够发现问题、提出问题、分析问题、解决问题、创新问题			10	
评价反馈	该组能够按时按质完成工作任务			15	
	该组能够掌握碎片化专业知识点				
	该组具有较强的信息分析能力和理解能力;具有较为全面、严谨的思维能力,并能清晰表达				
互评分数					
简要评述					

教师评价表

班级			组名		日期	
出勤						
		评价要求			分数	分数评定
一	任务描述、接受任务	口述任务内容细节	表述仪态自然、吐字清晰		2	表述仪态不自然或吐字模糊扣1分
			表达思路清晰、层次分明、准确			表达思路模糊或层次不清扣1分
二	任务分析、分组情况	分析操作流程，分组分工	操作流程关键点分析准确		3	操作流程关键点分析不准确扣1分
			知识回顾完整，分组分工明确			知识回顾不完整扣1分，分组分工不明确扣1分
三	计划决策	操作流程	合理、可执行、完整		5	1处不合理扣1分，扣完为止；不能执行、不完整，扣5分
		设备、工具、材料	设备、工具、材料准备齐全		10	设备、工具、材料缺1个扣1分，扣完为止
四	课程思政	思政背景	背景基础扎实、发展历程清晰、感悟能够内化，指导实践		10	表述仪态不自然或吐字模糊扣1分，观点不清晰扣1分，扣完为止
		思政感悟				
五	工作实施	高压作业个人安全防护用具检查、使用	设备、工具、材料准备		3	每漏1项扣1分，扣完为止
			资料准备		2	实操期间缺失1项扣1分，扣完为止
			正确检查、佩戴防护用具		5	每错1项扣1分，扣完为止
		维修工位与车辆防护	设备、工具、材料准备		5	每漏1项扣1分，扣完为止
			正确进行工位与车辆防护检查与布置		10	每错1项扣1分，扣完为止
		车辆高压下电	高压下电流程安全、合理		10	不合理1处扣1分，扣完为止
		故障排除	规范拆解驱动电机控制器盖板		5	每次不规范操作扣1分；每读取错误数据1次扣1分
			准确、规范检查驱动电机控制系统线路		10	每次不规范操作扣1分；每读取错误数据1次扣1分
		现场恢复	保证6S、三步落地		3	每漏1项扣1分，扣完为止
			设备、工具、材料、车辆恢复整理		2	每违反1项扣1分，扣完为止

续表

	评价要求		分数	分数评定	
六	总结	任务总结	依据自评表分数	2	
			依据互评表分数	3	
			依据个人总结评价	10	依据内容酌情给分
		合计		100	

七、相关知识点

市场上，纯电动汽车驱动电机大多采用永磁同步电机，作为机械能和电能转换的媒介，永磁同步电机的磁场是由电机转子上的永磁体产生的，而常用的永磁同步电机为供电电流波形与电枢反电动势波形都为正弦波的正弦波永磁同步电机。

1. 驱动电机结构

永磁同步电机由定子、转子、绕组、铁芯和永磁体等部件构成。

（1）定子。定子是电机中静止不动的部分，一般由定子铁芯、定子三相绕组和机座三部分组成。其主要作用是产生旋转磁场（图11.1）。

图11.1 定子结构

永磁同步电机的定子绕组有3套，通常称为三相绕组，三相绕组主要通过星形连接。

（2）转子。永磁同步电机转子部分主要由转子铁芯和永磁体组成（图11.2）。

图11.2 转子结构

2. 驱动电机工作原理

驱动电机大多采用永磁同步电机，当永磁同步电机定子绕组输入三相正弦交流电时，会产生一个旋转磁场，该旋转磁场与转子的永磁体磁场相互作用，从而使转子产生电磁转矩，在电磁转矩的作用下，转子转动。转子随着定子产生的旋转磁场转动，其转动与旋转磁场同步，且转子转速由三相正弦交流电频率决定。

随着驱动电机转子的转动，驱动电机位置传感器监测电机转子位置并将位置信号发送给驱动电机控制器，驱动电机控制器以此控制定子绕组的通电状态，从而控制同一磁极下的导体中电流方向不变，因此而产生的恒定转矩驱动永磁同步电机运转起来（图 11.3）。

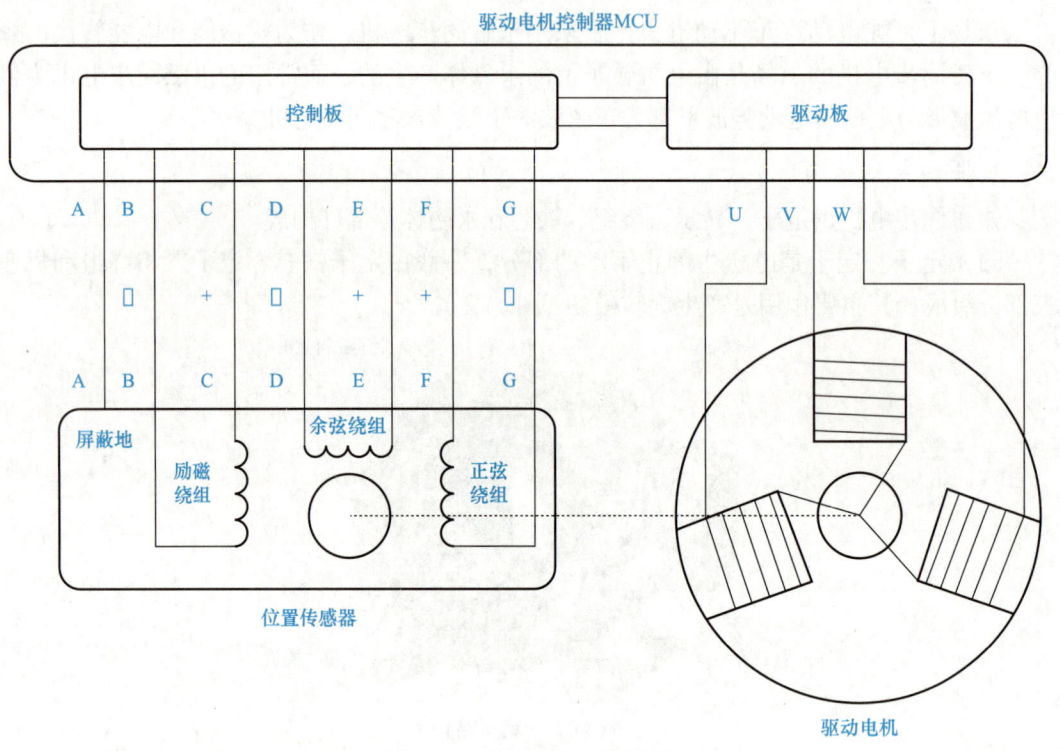

图 11.3 驱动电机工作原理

3. 故障原因分析

（1）驱动电机在运转过程中存在异响，由永磁同步电机的结构可知，其机械方面存在的故障主要有转子扫膛、转子轴承磨损、转子轴承过松或过紧、转子动不平衡、紧固件松动等（图 11.4）。

（2）驱动电机在运转过程中存在异响，由永磁同步电机的工作原理可知，其电气方面存在的故障主要有定子绕组匝间短路、三相电流不平衡、定子绕组断路、电机负载过大等。例如，当驱动电机定子缺少一相输入，就无法形成定子旋转磁场，从而无法产生电磁转矩牵引电机起步，另两相定子绕组交替产生定子磁场，对转子产生吸引，引起转子振动及定子绕组与铁芯的振动，产生异响（图 11.4）。

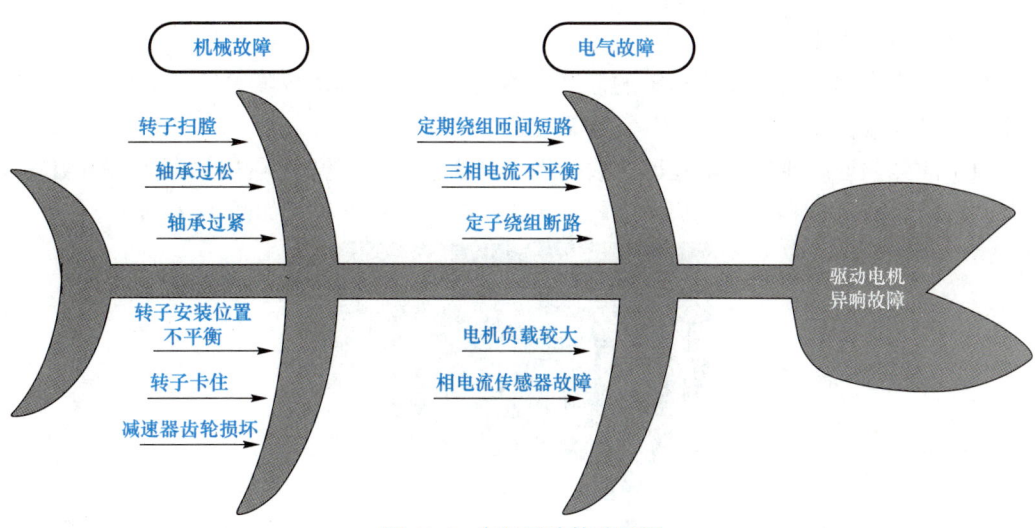

图 11.4 电机异响故障原因

4. 故障诊断流程

驱动电机异响故障诊断流程如图 11.5 所示。

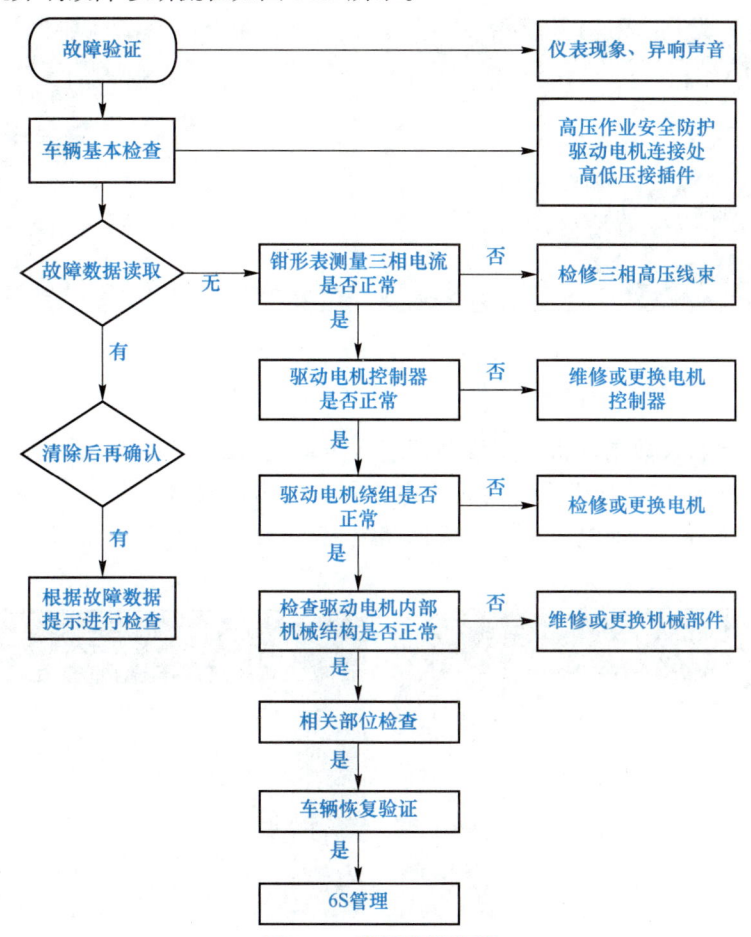

图 11.5 故障诊断流程

5. 故障诊断与修复

纯电动汽车驱动电机异响故障的诊断、检测与修复过程由故障验证、车辆基本检查、读取诊断仪数据和线路及部件检修等步骤组成。

（1）故障验证。通过实车验证，故障现象与描述一致，仪表无故障提示，READY 灯点亮，启动后挂入 D 挡位，电机不运转并传来"隆隆"的响声，如图 11.6 所示。

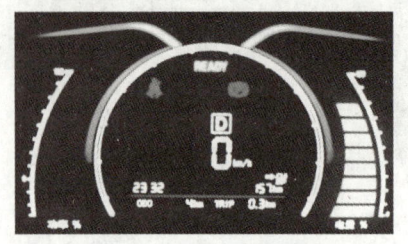

图 11.6　仪表故障显示

（2）车辆基本检查。举升车辆，用手触摸电机轴承处，没有温度过高现象，检查电机控制器至驱动电机的三相动力线，经检查线束插头牢固，未出现松动及破损，且异响的声音来自驱动电机内部，如图 11.7 所示。

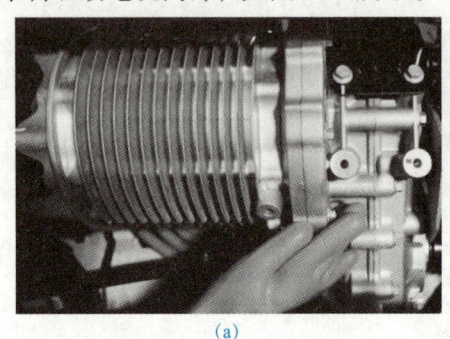

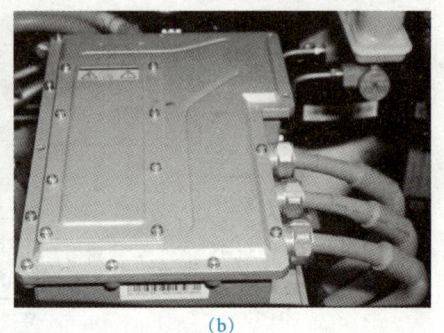

(a)　　　　　　　　　　(b)

图 11.7　检查异响来源

(a) 驱动电机检查；(b) 驱动电机控制器检查

（3）读取诊断仪数据。将专用诊断仪连接至车辆诊断接口，诊断仪显示驱动电机系统故障代码：P0A0A94 电机系统高压暴露故障，整车控制器（VCU）无有效故障代码。经初步检查并分析，驱动电机三相工作回路出现故障，造成驱动电机不转且有异响，如图 11.8 所示。

图 11.8　驱动电机系统故障数据

（4）相电流测量。车辆上高压电，挂 D 挡，取数字钳形表，测量驱动电机 U 相线束工作电流值为 34 A 左右，测量驱动电机 V 相线束工作电流值为 34 A 左右，测量驱动电机 W 相线束工作电流值为 0 A，异常（图 11.9）。

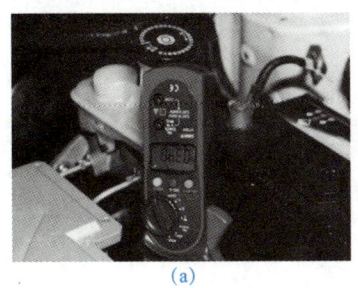

图 11.9　UVW 三相工作电流检查
(a) U 相电流；(b) V 相电流；(c) W 相电流

（5）高压下电。断开蓄电池负极，等待 5 min，等待车辆高压下电。
（6）控制器检查。拆开驱动电机控制器盖板，发现 W 相高压线束未可靠连接（图 11.10）。

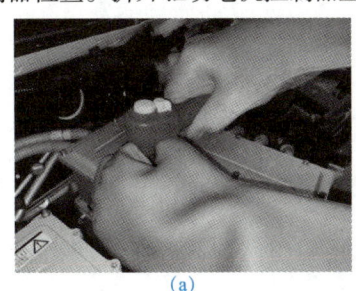

图 11.10　断开低压接插件
(a) 拆卸 MCU 盖板；(b) 检查 UVW 三相连接线束

（7）恢复。恢复故障，车辆上电，READY 灯点亮，车辆恢复正常。
（8）6S 管理。

6. 故障分析

纯电动汽车装备三相交流永磁同步电机，驱动电机控制器与驱动电机之间采用三相动力线束连接，电机控制器内部的驱动板模块通过导电条和固定螺栓将三相交流电输入电机的三相动力线束。IGBT 输出部分中一相的导电条固定螺栓松脱，导致驱动电机缺相故障，电机定子无法产生旋转磁场，电机无法起步。由于定子绕组连续产生两个方向相反的磁场，电机转子和定子绕组及铁芯振动发出异响。

7. 总结

（1）驱动电机大多采用永磁同步电机，当永磁同步电机定子绕组输入三相正弦交流电时，会产生一个旋转磁场，该旋转磁场与转子的永磁体磁场相互作用，从而使转子产生电磁转矩，在电磁转矩的作用下，转子转动。
（2）电机定子三相绕组中需要通入三相交流电，如电机定子缺少一相输入，就无法形成定子旋转磁场，从而无法产生电磁转矩牵引电机起步。

（3）电机定子缺少一相输入，另两相定子绕组交替产生定子磁场，对转子产生吸引，引起转子振动及定子绕组与铁芯的振动，产生异响。

八、拓展学习

扫描二维码阅读相关内容。

江淮同悦驱动电机轴承故障　　新技术——半导体王炸：碳化硅

任务十二

驱动电机功率指示灯异常故障诊断与排除

项目编号			成　绩	
姓　名			班　级	
日　期			教师签名	
教学目标	知识目标	1. 掌握驱动电机位置传感器故障原因； 2. 掌握驱动电机位置传感器故障的诊断流程	岗	对接纯电动汽车机电维修岗位典型工作任务"驱动电机转子位置传感器故障排除"
	能力目标	1. 能够根据故障诊断流程进行纯电动汽车驱动电机位置传感器故障的诊断； 2. 能够自主制订工作计划，严格按照企业实践操作规范，开展纯电动汽车驱动电机位置传感器故障诊断与排除	证	对接职业技能等级证书："新能源汽车动力驱动电机电池技术（高级）"模块技能要求"能诊断电机转子位置传感器引起的故障""能诊断驱动指示信号、功率流显示和能源监测异常的故障"
	素质目标	1. 树立高压作业安全防护意识； 2. 树立吃苦耐劳、追求卓越技能的意识	赛	前期准备，安全检查，仪器连接，故障现象确认，目视检查，读取故障代码与数据流，高压断电，非带电状态检测验证，驱动电机转子位置监测系统的元器件测量、机械拆装

一、情境描述

客户陈先生有一辆北汽 EC200 型号的纯电动汽车，打算用车时，打开点火开关，无故障灯提示，车辆 READY 灯点亮，挡位旋钮旋至 D 挡，松手刹，缓慢松制动踏板，车辆无法行驶，且功率指示灯点亮，车辆发出异响声音，随即陈先生将车辆送至纯电动汽车服务站，维修技师刘师傅负责对车辆进行故障诊断与维修。

二、任务分组

（1）全班分成若干组，每组固定人数，由教师指定工位并布置任务；
（2）每组从接到任务书起，由组长安排组内分工，完成工作任务；
（3）实训时需经组长报告教师并经教师同意后方可开始；
（4）实训过程中教师考核学生知识应用能力及安全文明、团队合作等职业素养。

学生任务分配表

班级		组号		指导教师	
组长		学号			
组员	姓名		学号		任务分工

三、获取资讯

引导问题 1： 请写出纯电动汽车转子位置传感器的功能。

_____

_____

_____

_____

引导问题 2：请绘制纯电动汽车转子位置传感器的内部结构图。

转子位置传感器内部结构图

引导问题 3：请写出纯电动汽车转子位置传感器内部绕组的功能。

引导问题 4：请绘制驱动电机控制器与转子位置传感器的连接图。

控制器与转子位置传感器信号连接图

引导问题 5：请写出纯电动汽车转子位置传感器工作原理。

引导问题 6：请绘制纯电动汽车驱动电机转子位置传感器的信号波形。

转子位置传感器信号波形测量

波形名称	标准波形（注意单位）	实测波形（注意单位）
波形名称	标准波形（注意单位）	实测波形（注意单位）
波形名称	标准波形（注意单位）	实测波形（注意单位）

引导问题 7：请写出导致纯电动汽车驱动电机转子位置传感器故障的主要原因。

_____

_____

_____

引导问题 8：根据故障现象分析原因，绘制驱动电机转子位置传感器故障原因树状图。

故障原因树状图

四、计划决策

引导问题 1：请写出纯电动汽车驱动电机转子位置传感器故障诊断与排除步骤的作业项目和操作要点。

故障诊断与排除

序号	作业项目	操作要点	备注
1			
2			
3			
4			
5			
6			
7			
8			
9			
10			
11			
12			

引导问题 2：请写出故障诊断与排除过程中使用的检测设备、工具、材料清单。

检测设备、工具、材料清单

序号	名称	数量	型号/特征参数/组成	符合要求
1				
2				
3				
4				
5				
6				
7				
8				
9				
10				
11				
12				

引导问题 3：请勾选实操过程中需要注意的事项，如有增加，可在表格空白处填写。

注意事项

序号	注意事项	选择
1	实训开始前应摘掉饰品，换上实训服，长头发应挽起固定于脑后	□是 □否
2	实训前检查仪表工具状态良好，使用后应立即清理	□是 □否
3	仪表使用后应随时打到 OFF 位，防止仪表受损	□是 □否
4	操作汽车举升机时应严格按照举升机操作规范进行作业	□是 □否
5	整车实训时确保钥匙开关处于 LOCK，操作另有要求除外	□是 □否
6	车辆操作时，应施加驻车制动，除非有特定操作要求，置于其他挡位	□是 □否
7		
8		
9		
10		
11		
12		
13		
14		
15		
16		
17		
18		

引导问题 4：计划完成后，由教师进行审核，确定是否可以实施。

计划审核

计划审核	审核意见： 年　月　日　签字

五、工作实施

引导问题 1：请完成纯电动汽车维修作业前高压作业个人安全防护并填写高压作业个人安全防护用具检查记录表。

高压作业安全防护

高压作业个人安全防护用具检查记录表

（1）检查绝缘手套的气密性		
	绝缘防护电压	
	漏电电流	
	气密性检查方法	
	检查结果	□良好　　□漏气

（2）检查绝缘鞋、护目镜和安全帽外观是否完好		
绝缘鞋外观检查	护目镜外观检查	安全帽外观检查
□良好　　□破损	□良好　　□破损	□良好　　□破损

（3）穿戴高压个人防护用具	
1）穿上维修工服和绝缘鞋	
	维修工服穿戴注意事项：
	穿维修工服的作用：
	绝缘鞋穿戴注意事项：
	穿绝缘鞋的作用：

续表

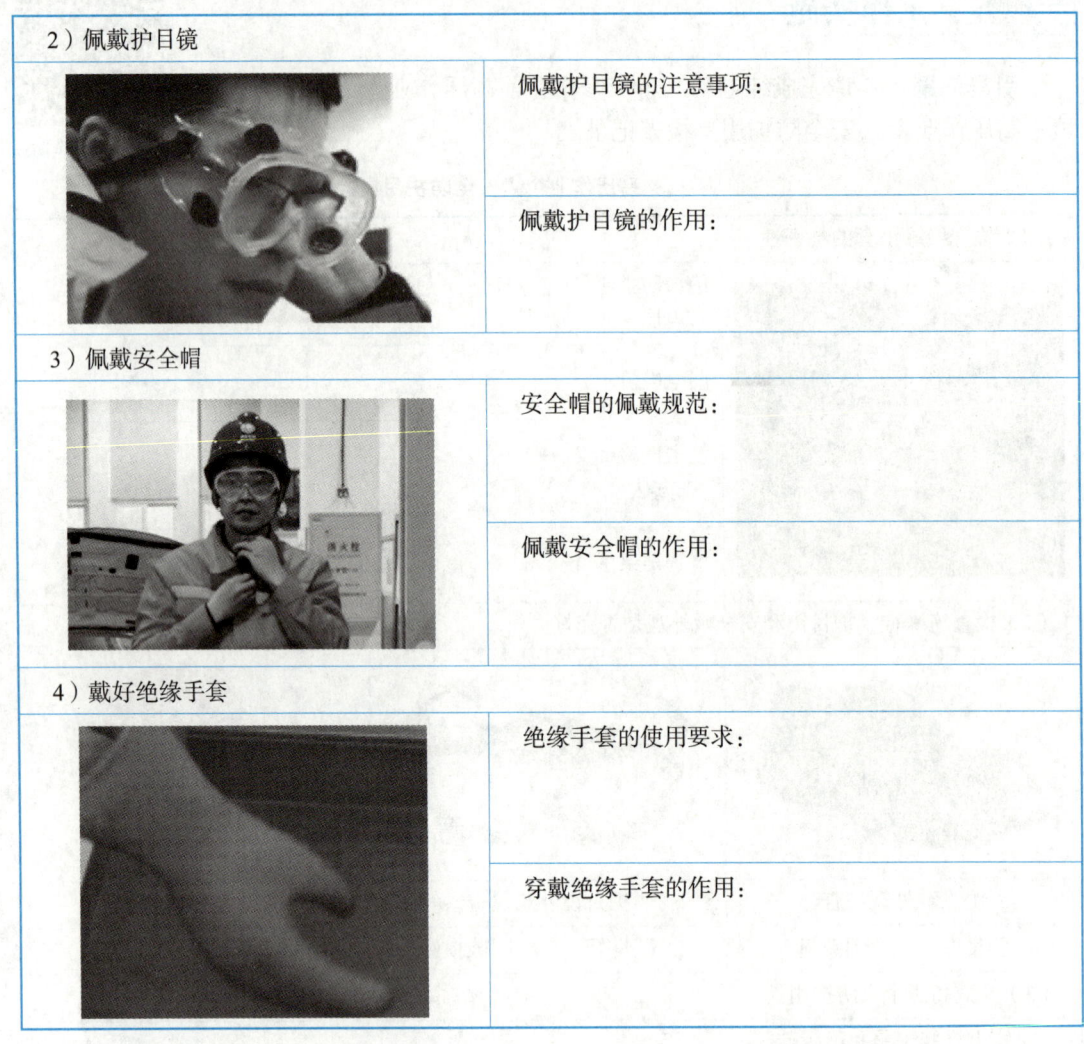

2）佩戴护目镜		
	佩戴护目镜的注意事项：	
	佩戴护目镜的作用：	
3）佩戴安全帽		
	安全帽的佩戴规范：	
	佩戴安全帽的作用：	
4）戴好绝缘手套		
	绝缘手套的使用要求：	
	穿戴绝缘手套的作用：	

引导问题 2：请完成纯电动汽车维修作业前车辆安全防护并填写维修工位与车辆防护记录表。

维修工位与车辆防护记录表

（1）车辆检查及防护		
1）检查车辆停放位置是否合适		
	车辆距双柱距离是否均匀	左右：□是　□否 前后：□是　□否
	支点数量	
	是否对齐	□是　□否

续表

2）安装车内三件套		
	三件套名称	
	安装顺序	
	铺设三件套的原因	

3）检查驻车制动器及挡位位置		
	驻车制动器状态	□落下　　□提起
	挡位位置	□R挡　□N挡　□D挡　□E挡
	注意事项	

4）安放车轮挡块		
	挡块数量	□1　□2　□3　□4
	车轮挡块安放位置	
	安放挡块原因	

5）在维修工位周围布置警戒带		
	操作对象	
	与车辆距离参考值	前：　　　　后： 左：　　　　右：
	布置警戒带的原因	

6）放置危险警示牌		
	警示牌放置位置	□前机舱盖　□车顶　□地面
	放置警示牌的作用	
	说明：	

续表

7）铺设翼子板防护垫			
	翼子板防护垫数量	□1 □2 □3 □4	
	铺设翼子板防护垫的原因：		

（2）维修工具检查

	需要检查的绝缘维修工具	
	绝缘防护电压	
	外观	□良好 □破损

（3）绝缘垫检查

	外观检查	□砂眼　□老化　□厚度　□破裂 □其他
	绝缘电阻测试	
	说明	

（4）灭火器器材检查

	灭火器有效期检查	□是　　□否	
	灭火器部件检查	压力指示检查： □是 □否	
		喷射软管的检查： □是 □否	
		保险机构的检查： □是 □否	
		标识的检查： □是 □否	
		外观检查： □是 □否	

引导问题3： 请完成纯电动汽车检修前的车辆基本检查并完成下表。

基本检查

辅助蓄电池电压	电压值：_____V	□正常 □异常
高压部件安装	□正常 □异常	
连接器连接情况	□正常 □异常	

引导问题 4：请完成纯电动汽车的故障现象确认并填写故障现象确认表。

故障现象确认表

点火钥匙位置：□START □ON □ACC □LOCK
READY指示灯：□熄灭 □点亮　　续航里程：_____km
挡位情况：□R □N □D □E　　动力电池电压：_____V
仪表显示：_____

引导问题 5：请使用专用解码仪读取纯电动汽车驱动电机转子位置传感器故障产生的故障代码并完成下表。

故障代码

故障代码	□有	□无
序号	故障代码	含义
1		
2		
3		
4		
5		
6		

引导问题 6：请使用专用解码仪读取纯电动汽车驱动电机转子位置传感器故障产生的数据流并完成下表。

数据流

序号	数据流名称	标准值	实测值	判定
1				
2				
3				
4				
5				
7				

引导问题 7：根据专用解码仪读取的故障代码与数据流，分析可能的故障原因并完成下表。

车辆故障分析

故障范围

器件故障	
信号故障	
模块故障	
总线故障	
线束故障	
其他故障	

故障类型：熔断器、CAN 总线、供电电源、搭铁、继电器、线束、控制信号、BMS（电池管理系统）、VCU、单体电池

引导问题 8：根据已分析故障可能产生的原因，写出故障排除的步骤。

吃苦耐劳　　故障排除

测量步骤

序号	测量条件	测量部件	测量部位	标准值	实测值	判定
1						
2						
3						
4						
5						
6						
7						
8						
9						
10						
11						
12						

小提示：参考如下填写方式。

参考填写方式

序号	测量条件	测量部件	测量部位	标准值	实测值	判定
1	ON 挡	熔断器	上端对地电压	12 V	12 V	正常 / 异常

引导问题 9：根据确定故障部位，分析导致故障现象的原因。

_____

_____

_____

_____

故障总结

引导问题 10：根据确定故障部位，确定故障诊断结论。

诊断结论

诊断结论	器件故障	□熔断器	□元器件	□继电器
	器件编号			
	线路故障	□断路	□虚接	□对正极短路
	线路区间			
	线路故障	□对负极短路	□线路混搭	
	线路区间			
	部件故障			

引导问题 11：请在纯电动汽车驱动电机转子位置传感器故障排除后，验证车辆。

（1）打开点火开关，读取车辆仪表信息并完成下表。

现象验证

防护工具	
测试设备	
警示牌名称	
仪表提示	

（2）连接解码仪，读取故障代码并完成下表。

故障代码验证

故障代码	□有	□无
序号	故障代码	含义
1		
2		
3		
4		

（3）读取数据流。

数据流验证

序号	数据流名称	标准值	实测值	判定
1				
2				
3				
4				
5				

引导问题 12： 纯电动汽车故障诊断与排除后，写出需要维修人员完成的工作内容。

_____

_____

_____

_____

注：以上实操内容根据工位实际情况填写，若无，则不填。

六、评价反馈

根据学生活动过程中的表现进行小组自评、小组互评和教师评价。

活动过程小组自评表

班级		组名		日期	
评价指标	评价要求			分数	分数评定
信息资讯	能够利用网络资源、车辆维修手册、学习信息页查找有效信息			10	
	能够用自己的语言清晰、有条理地回答课堂问题				
	能够有效地将搜索的知识转换到课堂学习中				
职业素养	能够熟悉自己的任务分工，认同自己的劳动价值			10	
	能够在实训过程中清晰认识到纯电动汽车维修安全要求				
	能够有效提高个人的高压危险作业防护意识				
思政素养	能够通过思政讨论、思政点背景查询，清晰理解"吃苦耐劳、追求卓越技能"深入内涵			10	

续表

评价指标	评价要求	分数	分数评定
课堂参与	与教师之间能够保持尊重、理解、平等的交流	10	
	与同学之间能够保持多向、丰富、适当的信息交流		
	能够自主学习，不流于形式，独立思考问题，做到有效学习	10	
	能够针对课堂问题提出建设性意见或看法		
	能够按照实操要求规范操作		
	实训小组内部能够协同操作		
学习能力	能够独立或小组协作使用课程资源自主学习	10	
	能够独立或小组协作计划决策，体现思维逻辑性、有效性		
	能够获得进一步发展的能力		
技能实操	遵守实训室管理规定、个人实训着装规定	15	
	遵守实训过程操作规范要求		
	遵守实训设备使用操作规范，不违规操作设备		
	能够保证课堂出勤，做到不迟到不早退		
	能够积极参与课堂活动，积极完成任务工单		
思维状态	能够多角度思考问题，主动发现、提出有价值的问题	10	
	能够发现问题、提出问题、分析问题、解决问题、创新问题		
评价反馈	能够按时按质完成工作任务	15	
	能够掌握碎片化专业知识点		
	具有较强的信息分析能力和理解能力；具有较为全面、严谨的思维能力，并能清晰表达		
自评分数			
有益的经验和做法			
总结反思建议			

活动过程小组互评表

班级		组名		日期	
评价指标	评价要求			分数	分数评定
信息资讯	该组能够利用网络资源、车辆维修手册、学习信息页查找有效信息			10	
	该组能够用自己的语言清晰、有条理地回答课堂问题				
	该组能够有效地将搜索的知识转换到课堂学习中				
职业素养	该组能够熟悉自己的任务分工，认同自己的劳动价值			10	
	该组能够在实训过程中清晰认识到纯电动汽车维修安全要求				
	该组能够有效提高高压危险作业防护意识				
思政素养	该组能够通过思政讨论、思政点背景查询，清晰理解"吃苦耐劳、追求卓越技能"深入内涵			10	
课堂参与	该组与教师之间能够保持尊重、理解、平等的交流			10	
	该组同学之间能够保持多向、丰富、适当的信息交流				
	该组能够自主学习，不流于形式，独立思考问题，做到有效学习				
	该组能够针对课堂问题提出建设性意见或看法				
	该组能够按照实操要求规范操作				
	实训小组内部能够协同操作				
学习能力	该组能够独立或小组之间协作使用课程资源自主学习			10	
	该组能够独立或小组之间协作计划决策，体现思维逻辑性、有效性				
	该组能够获得进一步发展的能力				
技能实操	该组遵守实训室管理规定、个人实训着装规定			15	
	该组遵守实训过程操作规范要求				
	该组遵守实训设备使用操作规范，不违规操作设备				
	该组能够保证课堂出勤，做到不迟到不早退				
	该组能够积极参与课堂活动，积极完成任务工单				
	该组能够多角度思考问题，主动发现、提出有价值的问题				
思维状态	该组能够发现问题、提出问题、分析问题、解决问题、创新问题			10	
评价反馈	该组能够按时按质完成工作任务			15	
	该组能够掌握碎片化专业知识点				
	该组具有较强的信息分析能力和理解能力；具有较为全面、严谨的思维能力，并能清晰表达				
互评分数					
简要评述					

教师评价表

班级			组名		日期		
出勤							
			评价要求		分数	分数评定	
一	任务描述、接受任务	口述任务内容细节	表述仪态自然、吐字清晰		2	表述仪态不自然或吐字模糊扣1分	
			表达思路清晰、层次分明、准确			表达思路模糊或层次不清扣1分	
二	任务分析、分组情况	分析操作流程，分组分工	操作流程关键点分析准确		3	操作流程关键点分析不准确扣1分	
			知识回顾完整，分组分工明确			知识回顾不完整扣1分，分组分工不明确扣1分	
三	计划决策	操作流程	合理、可执行、完整		5	1处不合理扣1分，扣完为止；不能执行、不完整，扣5分	
		设备、工具、材料	设备、工具、材料准备齐全		10	设备、工具、材料缺1个扣1分，扣完为止	
四	课程思政	思政背景 思政感悟	背景基础扎实、发展历程清晰、感悟能够内化，指导实践		10	表述仪态不自然或吐字模糊扣1分，观点不清晰扣1分，扣完为止	
五	工作实施	高压作业个人安全防护用具检查、使用	设备、工具、材料准备		3	每漏1项扣1分，扣完为止	
			资料准备		2	实操期间缺失1项扣1分，扣完为止	
			正确检查、佩戴防护用具		5	每错1项扣1分，扣完为止	
		维修工位与车辆防护	设备、工具、材料准备		5	每漏1项扣1分，扣完为止	
			正确进行工位与车辆防护检查与布置		10	每错1项扣1分，扣完为止	
		车辆高压下电	高压下电流程安全、合理		10	不合理1处扣1分，扣完为止	
		故障排除	准确、规范检查驱动电机控制系统线路		15	每次不规范操作扣1分；每读取错误数据1次扣1分	
		现场恢复	保证6S、三步落地		3	每漏1项扣1分，扣完为止	
			设备、工具、材料、车辆恢复整理		2	每违反1项扣1分，扣完为止	
六	总结	任务总结	依据自评表分数		2		
			依据互评表分数		3		
			依据个人总结评价		10	依据内容酌情给分	
			合计		100		

七、相关知识点

1. 转子位置传感器工作原理

驱动电机转子位置传感器用于精确测量驱动电机的转子转角，其输出电压随转子转动而变化。驱动电机控制器（MCU）根据转子信号来确定输入给驱动电机三相电的初电位，并根据驾驶需求，对驱动电机进行控制。如果此信号异常，MCU将无法判断当前转子位置，从而无法对功率元件的导通时间进行控制，致使驱动电机无法运行。转子位置传感器结构如图12.1所示。

驱动电机转子位置传感器绕组由励磁绕组、正弦绕组和余弦绕组组成。其电路原理如图12.2所示。

（1）MCU的C端子与转子位置传感器C端子相连，通过转子位置传感器内部绕组，再从转子位置传感器的B端子输出至MCU的B端子，MCU通过励磁绕组输出振幅、频率恒定的正弦波，其中励磁绕组电阻值为固定值，如图12.2所示。

（2）MCU的F端子与转子位置传感器的F端子相连，通过转子位置传感器内部绕组，再从转子位置传感器的G端子输出至MCU的G端子，MCU通过正弦绕组产生的波形判断驱动电机转子的位置和速度，其中正弦绕组电阻值为固定值，如图12.2所示。

（3）MCU的E端子与转子位置传感器的E端子相连，通过转子位置传感器内部绕组，再从转子位置传感器的D绕组输出至MCU的D端子，MCU通过余弦绕组产生的波形判断驱动电机转子的位置、速度、方向，其中余弦绕组电阻值为固定值，如图12.2所示。

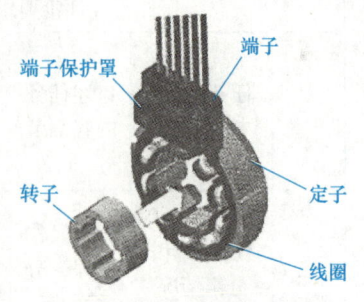

图12.1 转子位置传感器结构

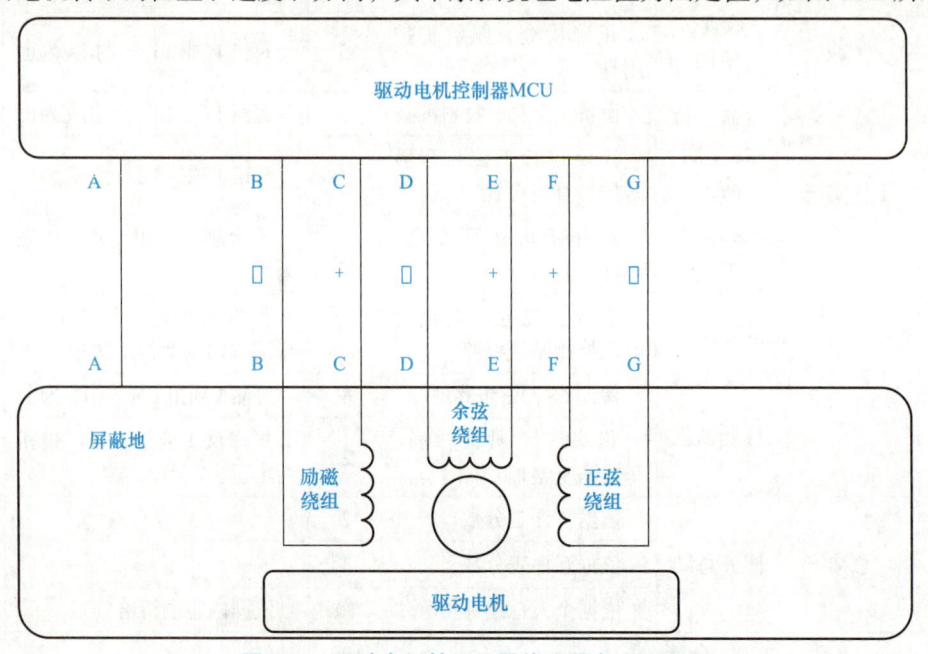

图12.2 驱动电机转子位置传感器电路原理

2. 故障原因分析

纯电动汽车电机控制器通过 CAN 通信网络获取整车控制器（VCU）中加速踏板、挡位信号和动力 BMS 中的电池状态等信号，同时，综合由驱动电机中采集的电机温度、转速、转子位置、电流等工作状态信号来控制电机的工作。

当打开点火开关时，驱动电机控制器（MCU）被唤醒而后进行自检。其自检项目包括转子位置传感器的励磁、正弦、余弦信号的检测。如果励磁信号出现异常，则不会产生正弦信号与余弦信号。MCU 不能同时检测到正弦信号和余弦信号，此时 MCU 向 CAN 通信网络发出 MCU 异常信号，整车高压禁止上电。

如果励磁信号正常，余弦信号或正弦信号有一个异常，MCU 可能无法检测到转子位置传感器故障存在。车辆换挡后运行时，如果 MCU 没有收到转子位置传感器返回的正常正弦信号或余弦信号，MCU 则无法对驱动电机的 IGBT 进行控制，MCU 此时会进行驱动保护，车辆出现异常，同时产生并存储故障代码。

故障可能原因如图 12.3 所示。

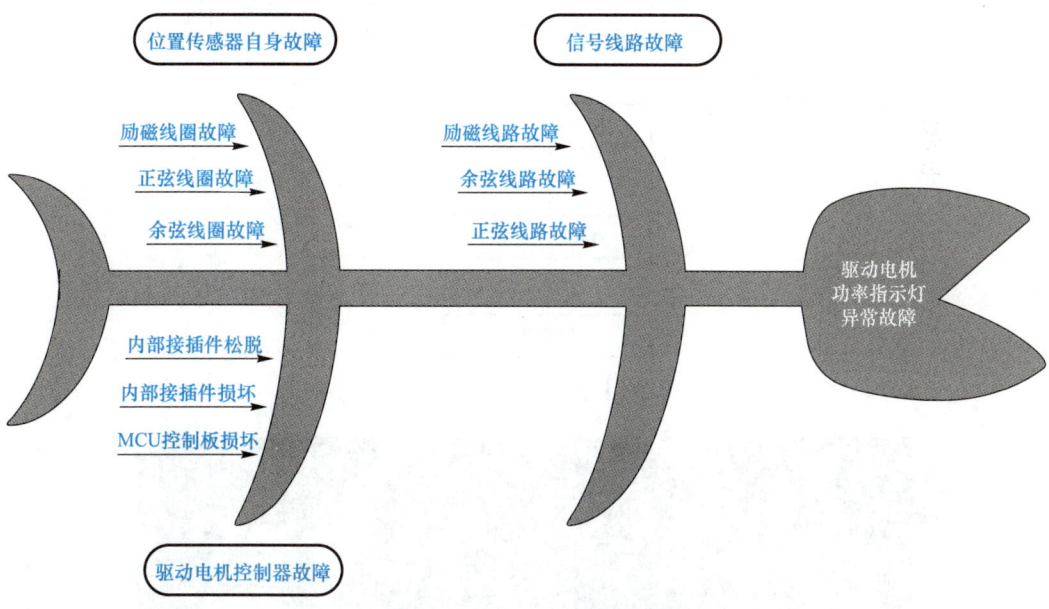

图 12.3　电机系统故障原因

3. 故障诊断流程

驱动电机转子位置传感器故障诊断流程如图 12.4 所示。

4. 故障诊断与修复

纯电动汽车驱动电机功率指示灯异常故障的诊断、检测与修复过程由故障验证、车辆基本检查、读取诊断仪数据和线路及部件检修等步骤组成。

（1）故障验证。经过试车，故障现象与客户描述一致，检查组合仪表故障提示，如图 12.5 所示，车辆 READY 灯点亮，无故障灯提示，挡位旋钮旋至 D 挡，松手刹，缓慢松制动踏板，车辆无法行驶，且功率指示灯点亮，车辆发出异响声音。

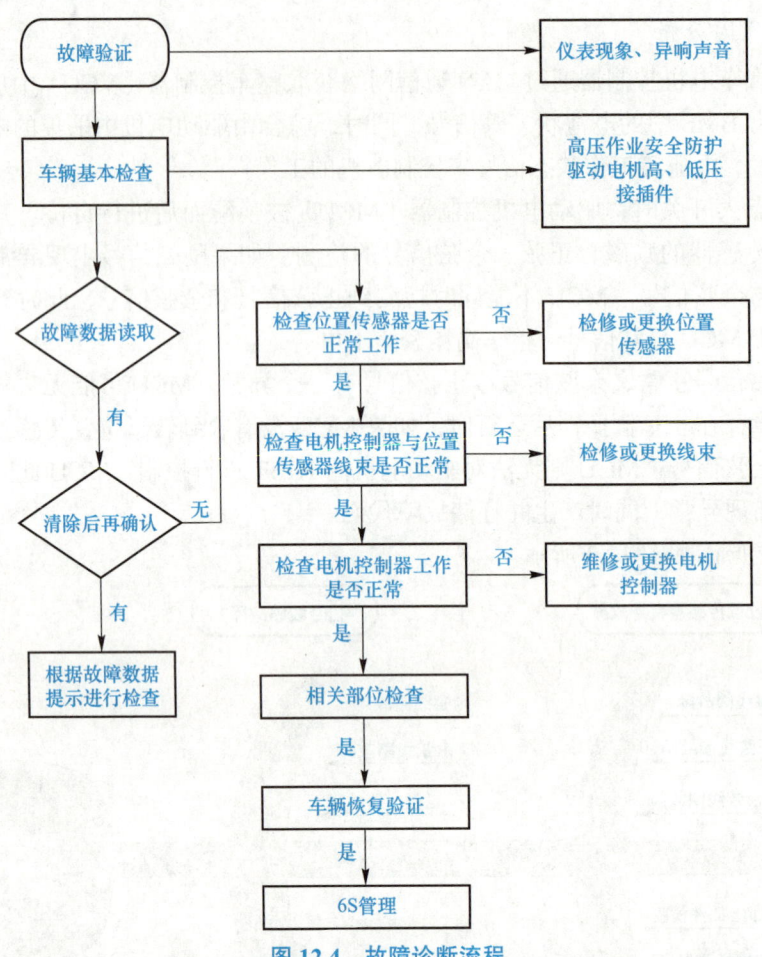

图 12.4　故障诊断流程

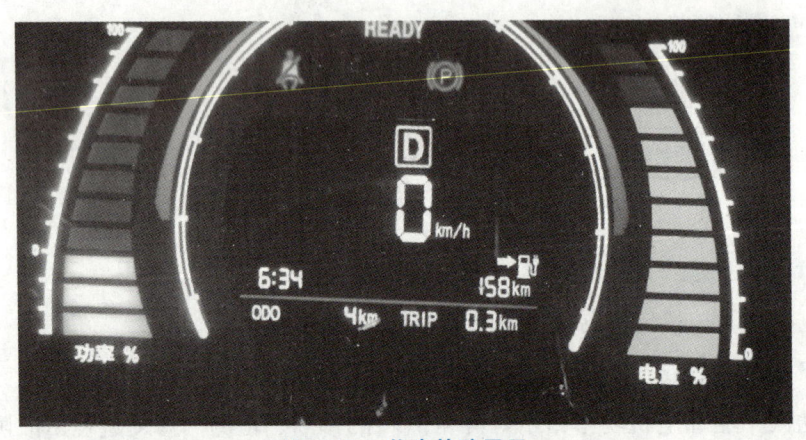

图 12.5　仪表故障显示

（2）车辆基本检查。举升车辆，检查驱动电机、驱动电机控制器低压线束插头处的位置信号线及驱动电机温度信号线，发现插头处的信号线未出现松脱、断裂现象，如图 12.6 所示。

任务十二 驱动电机功率指示灯异常故障诊断与排除

(a) (b)

图 12.6 接插件检查

(a)驱动电机低压接插件检查；(b)驱动电机控制器低压接插件检查

（3）读取诊断仪数据。将专用诊断仪连接至车辆诊断接口，读取"整车控制器（VCU）"模块，诊断仪无故障代码，读取驱动电机控制器系统（MCU）数据流：驱动电机当前转速 $-0.4 \sim 6.2$ r/min 内跳动。驱动电机当前旋转方向：待机状态、正转（前进模式）、反转（倒车模式）三种模式跳变，如图 12.7 所示。经初步检查并分析，驱动电机转子位置传感器及线束出现故障，驱动电机转子位置信号异常。

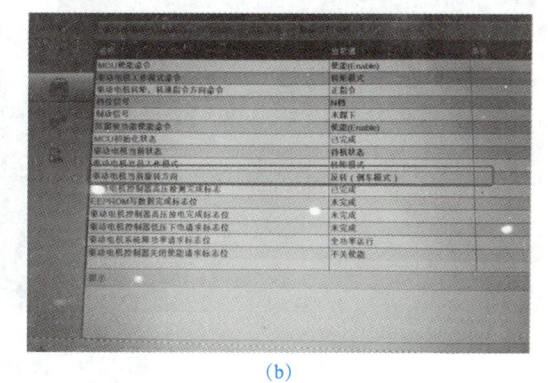

(a) (b)

图 12.7 驱动电机系统故障数据

（4）高压下电。断开蓄电池负极，等待 5 min，确保车辆高压下电。

（5）断开接插件。断开驱动电机控制器 MCU 低压接插件 U07，断开驱动电机低压接插件 U21（图 12.8）。

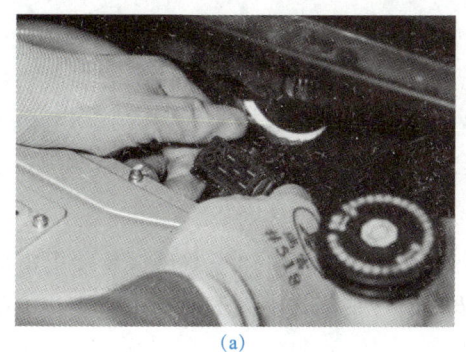

(a) (b)

图 12.8 断开低压接插件

(a)断开 MCU 接插件；(b)断开驱动电机接插件

（6）线路测量。取数字万用表，校准后，测量 U07/3C 与 U21/A 之间电阻，其电阻值为无穷大，异常（图 12.9）。

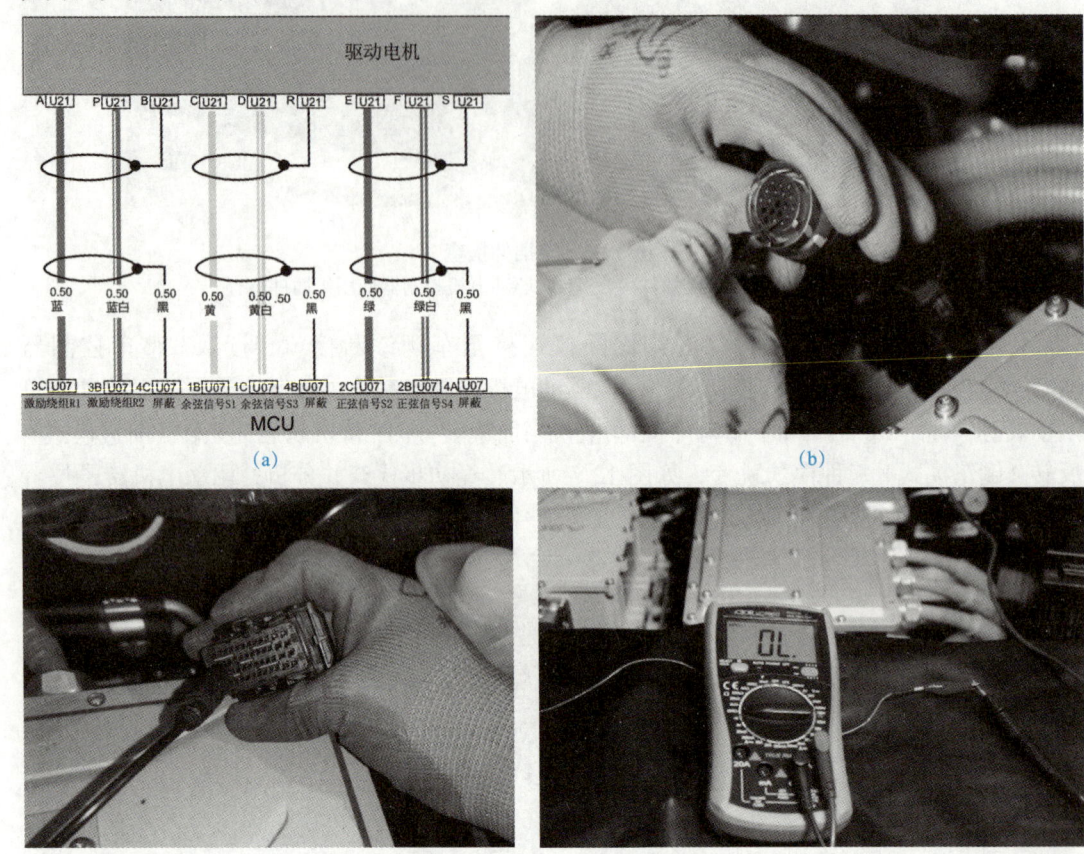

图 12.9 断开低压接插件
(a) 连接电路图；(b) U21/A 引脚；(c) U07/3C 引脚；(d) 测量结果

（7）恢复。恢复故障，车辆上电，READY 灯点亮，车辆恢复正常。

（8）6S 管理。

5. 故障分析

纯电动汽车电机控制器中的驱动板将电机三相输出工作电流、驱动板温度等信号传送给控制板，控制板综合电机转子位置信息、电流相位信息与 VCU 传来的加速踏板等信息及 BMS 中的电池状态信息等来控制驱动板工作。当控制板检测到异常驱动电机位置信号时，控制板无法驱动电机工作，组合仪表会显示一系列的电机系统故障。

6. 总结

（1）驱动电机转子位置传感器用于精确测量驱动电机的转子转角，其输出电压随转子转动而变化。驱动电机控制器 MCU 根据转子信号来确定输入给驱动电机三相电的初电位，并根据驾驶需求，对驱动电机进行控制。

（2）纯电动汽车电机控制器通过 CAN 通信网络获取整车控制器（VCU）中加速踏板、

挡位信号和动力 BMS 中的电池状态等信号，同时，综合由驱动电机中采集的电机温度、转速、转子位置、电流等工作状态信号来控制电机的工作。

八、拓展学习

扫描二维码阅读相关内容。

吉利 EV450 驱动电机旋变故障

参考文献

[1] 何泽刚. 纯电动汽车常见故障诊断与排除[M]. 北京：机械工业出版社，2018.

[2] 徐利强，李平，张瑞民. 纯电动汽车故障诊断与排除[M]. 北京：机械工业出版社，2021.

[3] 蔡跃. 职业教育活页式教材开发指导手册[M]. 上海：华东师范大学出版社，2020.

[4] 中华人民共和国国家质量监督检验检疫总局，中国国家标准化管理委员会. GB/T 18487.1—2015 电动汽车传导充电系统 第1部分：通用要求[S]. 北京：中国标准出版社，2016.

[5] 中华人民共和国国家质量监督检验检疫总局，中国国家标准化管理委员会. GB/T 20234.1—2015 电动汽车传导充电用连接装置 第1部分：通用要求[S]. 北京：中国标准出版社，2016.

[6] 中华人民共和国国家质量监督检验检疫总局，中国国家标准化管理委员会. GB/T 20234.2—2015 电动汽车传导充电用连接装置 第2部分：交流充电接口[S]. 北京：中国标准出版社，2016.

[7] 崔胜民. 新能源汽车技术解析[M]. 北京：化学工业出版社，2016.

[8] 敖东光，宫英伟，陈荣梅. 电动汽车结构原理与检修[M]. 北京：机械工业出版社，2017.

[9] 猴庆伟，李卓. 新能源汽车原理与检修[M]. 北京：机械工业出版社，2017.

[10] 王显廷. 新能源汽车电气系统检修[M]. 北京：机械工业出版社，2016.

[11] 邹政耀，王若平. 新能源汽车技术[M]. 北京：国防工业出版社，2012.

[12] 赵金国，李治国. 新能源汽车高压安全与防护[M]. 北京：人民交通出版社，2017.

[13] 何洪文. 电动汽车原理与构造[M]. 2版. 北京：机械工业出版社，2018.

[14] 滕乐天. 电动汽车充电机（站）设计[M]. 北京：中国电力出版社，2009.

[15] 赵振宁. 纯电动汽车构造原理与检修[M]. 北京：机械工业出版社，2022.

[16] 申荣卫. 纯电动汽车整车控制系统检测与修复[M]. 北京：机械工业出版社，2018.

[17] 张珠让. 电动汽车维护保养（配实训工单）[M]. 北京：机械工业出版社，2018.

[18] 弋国鹏，魏建平. 电动汽车控制系统及检修[M]. 北京：机械工业出版社，2020.

[19] 简玉麟，沈有福. 电动汽车使用与安全防护（配实训工单）[M]. 北京：机械工业出版社，2018.

[20] 蔡兴旺. 电动汽车与燃气汽车故障诊断与维修[M]. 北京：机械工业出版社，2018.

[21] 路畅，樊玖林，崔人志. 新能源汽车故障诊断与排除[M]. 成都：西南交通大学出版社，2021.